前言

《御製避暑山莊三十六景詩圖》，清康熙五十二年（一七一三）内府銅版刊本，内蒙古巴彦淖爾市圖書館藏。是書上下兩卷，詩文爲木刻朱墨套印，圖爲銅版印製。卷端有康熙五十年（一七一一）序言，序後鈐體元主人、萬幾餘暇璽。開本縱二十七釐米，横十七釐米，版框縱十九點七釐米，横十三點五釐米。康熙帝每景撰一詩，命儒臣逐條注釋。圖依次爲烟波致爽、芝逕雲隄、無暑清凉、延薰山館、水芳巖秀、萬壑松風、松鶴清越、雲山勝地、四面雲山、北枕雙峯、西嶺晨霞、錘峯落照、南山積雪、梨花伴月、曲水荷香、風泉清聽、濠濮間想、天宇咸暢、暖溜暄波、泉源石壁、青楓緑嶼、鶯囀喬木、香遠益清、金蓮映日、遠近泉聲、雲帆月舫、芳渚臨流、雲容水態、澄泉遶石、澄波疊翠、石磯觀魚、鏡水雲岑、雙湖夾鏡、長虹飲練、甫田叢樾、水流雲在。每一景之名稱，亦爲詩文題名，詩後注每景小記。

銅版畫在十七世紀的歐洲被視爲名貴的藝術品，而同時期的中國明代未聞有銅版畫之作。清康熙五十二年，意大利傳教士馬國賢（Matteo Ripa）主持印製的銅版《御製避暑山莊三十六景詩圖》是中國銅版畫開先河之作。它是在木刻本《御製避暑山莊三十六景詩圖》完成後的次年完成的，現存的兩個版本相較，銅版印本景物刻畫更爲繁細，注重透視的表現，明暗對比强烈，立體感極强。對于木版詩圖來説，銅版詩圖是對其的再創造、再升華，是中西繪畫藝術、版畫雕造藝術珠聯璧合的第一次完美結合。

内蒙古自治區巴彥淖爾市圖書館 監製

銅版

御製避暑山莊三十六景詩圖

學苑出版社

此書據清康熙五十二年内府銅版西洋紙印本影印原書高二十七釐米寬十七釐米版框高十九點七釐米寬十三點五釐米

馬國賢將完成的銅版畫《御製避暑山莊三十六景詩圖》呈獻給皇帝時，康熙甚爲喜愛，稱贊它們是『寶貝』，并下令復製，賜予皇子、皇孫及其他親王。雍正二年（一七二四）馬國賢返歐途經英國，曾將一部分《御製避暑山莊三十六景詩圖》銅版畫贈給布林頓勛爵等人。清代宮廷第一次製作的銅版畫作品，不但在宮廷内流傳，還遠播歐洲，并對十八世紀歐洲興起的中國園林熱起到了深遠的影響。

銅版《御製避暑山莊三十六景詩圖》傳世極罕，據原統計知共有八部：美國紐約公共圖書館藏一部，内附馬國賢於一七一四年八月二十六日致Bnmi的信件一封，這個本子可能就是馬國賢贈送給Bnmi之本；大英博物館藏一部；意大利維多利亞圖書館一部（馬國賢贈）；歐洲木版畫基金會一部；巴黎圖書館一部；牛津大學圖書館一部（一九五〇年入藏，菲利普贈）；中國臺灣故宫博物院一部；中國香港私人藏書家藏一部。二〇一七年五月份國家古籍保護中心委派專家對内蒙古圖書館古籍進行鑒定，在巴彦淖爾市圖書館整理文獻過程中，意外發現兩部，一部爲開化紙印本，一部爲西洋紙印本，紙張有明顯水印標記（見『本書用紙透光效果圖』）。這兩部爲中國大陸僅有，其中西洋紙印本更爲現知海内外孤本。

清代内府刊刻的銅版畫屬奉敕製品，印刷數量有限，且多在宫廷園囿等處陳設，外界流傳較少，整套作品更鮮爲一見。對于清康熙内府刻書用紙，史料中有所記載，但記載中的西洋紙印書實物未見流傳，也鮮有學者研究，此西洋紙印《御製避暑山莊三十六景詩圖》爲清内府西洋紙印書研究提供了更多可能性，填補了研究資料的空白，也爲清内府銅版畫研究提供了重要實物。

翁連溪　二〇一九年九月十六日

體元主人

御製避暑山莊詩

御製記　目錄

圖　跋

御製避暑山莊記

金山發脉暖溜分泉雲壑渟泓石潭青靄境廣草肥無傷田廬之害風清夏爽宜人

誦養之功自天地之生成歸造化之品彙朕數巡江干深知南方之秀麗兩幸秦隴益明西土之殫陳北

過龍沙東遊長白山川之壯人物之樸亦不能盡述皆吾之所不取惟兹熱河道近神京往還無過兩日

地闢荒野存心豈悮
萬幾因而度高平遠
近之差開自然峯嵐
之勢依松為齋則竅
崖潤色引水在亭則

榛煙出谷皆非人力
之所能借芳甸而為
助無刻桷丹楹之費
喜泉林抱素之懷靜
觀萬物俯察庶類文

禽戲綠水而不避麀
麋暎夕陽而成羣鳶
飛魚躍從天性之高
下遠色紫氛開韶景
之低昂一遊一豫罔

非稼穡之休戚或旰
或宵不忘經史之安
危勸耕南畝望豐稔
筐筥之盈茂止西成
樂時若雨暘之慶此

居避暑山莊之槩也至於玩芝蘭則愛德行覩松竹則思貞操臨清流則貴廉潔覽蔓草則賤貪穢此亦

古人因物而比興不可不知人君之奉取之於民不愛者即感也故書之于記朝夕不改敬誠之在茲也

康熙五十年六月下旬書

御製避暑山莊詩目錄

上卷

水芳巖秀 五言古

萬壑松風 七言絶句

松鶴清越 五言絶句

雲山勝地 七言絶句

四面雲山 五言排律

北枕雙峯 七言絶句

烟波致爽

熱河地既高敞。氣亦清朗。無蒙霧霾氛。柳宗元記所謂曠如也。四圍秀嶺。十里澄湖。致有爽氣。雲山勝地之南。有屋七楹。遂以烟波致爽顏其額焉。

山莊頻避暑梁蕭統詩命駕出山莊劉禹錫詩綠蘿陰下有山莊戴叔倫詩芝田棗逕往来頻孫逖詩地勝林亭好時清宴賞頻魏徵九成宮醴泉銘皇帝避暑乎九成之宮梁簡文帝納涼詩避暑高梧側輕風時入襟白居易詩望春花景暖避暑竹風涼靜默少喧譁南史沈麟士傳年過八十耳目猶聰明人以為養身靜默所致皇甫曾詩草長風光裏鶯啼靜默間何遜詩視聽絕喧譁北控遠烟息李商隱文絳臺北控馬汝驥北嶽詩東衢滄海嶼北控黑河湍舊唐書吐蕃傳邉堠徹警戍烽韜煙姚合詩從今嶲州路無復有烽烟蔣伸授田牟節度使

制。不戰而烽烟自息。鄭絪賦。地表烟息。天維氣整。

南臨近甃嘉

宋璟樂遊園宴詩。北向祇雙闕。南臨賞一丘。朱子詩。南臨滙澤共指點。縹緲貝闕浮珠宮。江總永陽王齋後山亭銘。月澄遥溆。風清近甃。王勃詩。晚風清近甃。新月照澄灣。

春歸魚出浪

庾信春賦。宜春苑中春已歸。李適詩。長樂喜春歸。張耒詩。綠野涤成延晝永。亂紅吹盡放春歸。梁元帝詩。遊魚迎浪上。杜甫詩。細雨魚兒出。又。魚吹細浪搖歌扇。

秋歛雁橫沙

禮記樂記。春作夏長。仁也。秋歛冬藏。義也。漢書律歷志。秋。龝也。物龝歛乃成熟也。注。龝同揫。温庭筠詩。稻田凫雁滿晴沙。趙嘏詩。滿袖蕭關雨。

連沙塞雁飛。

觸目皆仙草

水經注二館之城。澗曲泉清。山高林茂。風烟披薄。觸目怡情。白居易詩開懷曠達無所繫。觸目勝絶不可名。朱子新喻西境詩自然觸目成佳句。雲錦無勞更剪裁。十洲記瀛洲生神芝仙草。長洲有仙草靈藥。鮑照賦冠五華於仙草。超四照於靈木。許渾詩瑞花瓊樹合。仙草玉苗深。溫庭筠詩毫端蕙露滋仙草。琴上薰風入禁松。

迎窗遍藥花

鄭谷春草碧色詩窗紗迎擁砌。梅堯臣詩面面懸窗夾花藥。李頎詩階庭藥草遍。飯食天花香。許敬宗掖庭山賦爾其花藥紛披。蹊徑參差。陸游詩綠蘚封茶樹。青霜折藥花。

炎風晝致爽

淮南

子地形訓何謂八風東北曰炎風梁元帝纂要夏曰朱明風曰炎風節曰炎節韓愈詩炎風日搜攪周伯琦詩夾路忘炎晝王初詩天上銀河白晝風晉書王嶶之傳西山朝來致有爽氣耳米芾帖故寶晉齋之西為致爽軒顧瑛致爽閣詩開襟致秋爽心與白雲期

綿雨夜方賒

宋史河渠志每遇春夏天雨連綿錦繡萬花谷雨不絕曰綿王融詩潺湲石溜瀉綿延山雨聞何遜秋夕詩寸心懷是夜寂寂漏方賒李中詩長笛起誰家秋涼夜漏賒

土厚登雙穀

左傳郇瑕氏土薄水淺不如新田土厚水深居之不疾國語泉源以資之土厚而樂其實禮記月令農乃登穀國策

風雨時農夫登五穀豐盈注穀熟曰登史記周紀康叔得嘉穀獻之成王注二苗同為一穗庾信喜雨詩嘉禾雙合穎熟稻再含胎

泉甘剖翠瓜

十洲記瀛洲上有玉石高且千丈出泉如酒味甘名之為玉醴泉韓愈送李愿歸盤谷序泉甘而土肥孔武仲詩泉甘而草芳傍有屋數椽劉楨瓜賦析以金刀四剖三離康子玉瓜賦何以剖之金錯刀王灣詩盛香蓮近拆新味瓜初剖杜甫詩翠瓜碧李沉玉甃

古人戍武備

詩小雅我戍未定朱傳古者戍役如今之防秋也國策卒戍四方守亭障者叅列穀梁傳雖有文事必有武備漢書趙充國傳步兵九校吏士萬人留屯以為武備

今卒斷鳴笳○周禮小司徒五人爲伍○五伍爲兩○四兩爲卒○史記驃騎傳減戍卒之半○以寬天下之繇○吳邁遠胡笳曲邊風落衰草○鳴笳隧飛禽○柳宗元詩列騎低殘月○鳴笳度碧虛○

生理白居易詩止足安生理○優游樂性情○蘇軾過淮詩但有魚與稻○生理已自畢○

農商事○周禮閭師任農以耕事○任商以市事○史記貨殖傳待農而食之○商而通之○各勸其業○樂其事○尹文子農商工仕不易其業○

聚民至萬家○易繫辭日中爲市○致天下之民○聚天下之貨○周禮地官州長以禮會民䟽以禮會聚其民○國策萬家之邑相望也○史記貨殖傳名國萬家之城○帶郭千畝○杜甫詩羣木水光

下。萬家雲氣中。

韋應物詩 萬家烟樹滿晴川。

司馬光金堤詩 提封百里遠。生齒萬家餘。

芝逕雲隄

夾水為隄逶迤曲折逕分三枝列大小洲三形若芝英若雲朶復若如意有二橋通舟楫

萬幾少暇出丹闕書兢兢業業一日二日萬幾漢書邉讓傳旦垂精於萬幾予夕回輦於門館齋聖主詞升旒綜萬幾端扆御八方戴表元詩論心得少暇同上宸高樓古今注闕觀

也。古者每門樹兩觀宇其前。人臣至此則思其所闕。其上皆丹堊。唐太宗詩爽氣浮丹闕。秋光澹紫宮。

樂水樂山好難歇

論語知者樂水。仁者樂山。南史宗少文傳少文性好山水。愛遠遊。嵇康荅難養生論真香難歇。和氣充盈。

避暑漠北土脉肥

魏徵九成宮醴泉銘皇帝避暑乎九成之宮。班固詩来風堪避暑。靜夜致清涼。劉孝威詩漢家迎夏畢。避暑甘泉宮。漢書幕北苦寒之地。顏師古注幕者今之突厥中磧。史記正義幕即沙漠古字少耳。揚子法言龍堆以西。大漠以北。柳貫詩漠北松亭塞。燕南督亢圖。國語土乃脉發。韋昭注脉理也。漢書京師土地肥饒可

度地勢水泉資溉灌之利韋應物詩春陽土脉起膏澤蔾生初韓愈文泉甘而土肥訪問

村老尋石碣左傳子產曰君子有四時朝以聽政晝以訪問夕以脩令夜以安身宋史周必大傳孝宗初御經筵必大奏曰經筵非為分章析句欲從容訪問裨聖德究治體白居易詩村老見予喜漢書注石之特然而立者曰碣釋名圓曰碑方曰碣北史魏昭帝紀自杏城以北八十里迄長城原夬道立石碣與晉分界

眾云蒙古牧馬場說海蒙古沙陀別部名漢書陸地牧馬二百號北史宇文福傳太和遷洛勅福檢牧馬所福規石濟以西河内以東距黃河南北千里為牧地今之馬場是

也。元史。自上都大都。以至王你伯牙折連怯呆兒。皆牧馬地。

並乏人家無枯骨。

王維詩。雲裹帝城雙鳳闕。雨中春樹萬人家。李中詩。高秋水村落。隔岸見人家。新序。文王作靈臺及為池沼。得枯骨。吏以聞文王。文王曰。更葬之。天下聞之皆曰。文王賢矣。澤及枯骨。又況于人乎。唐無名氏詩。莊生問枯骨。

草木茂。

禮記。草木茂。區萌達。漢書。夏得木德。青龍止于郊。草木暢茂。又北邊塞至遼東外有陰山。東西千餘里。草木茂盛。多禽獸。李頻詩。草木春冬茂。

絕蚊蝎。

洞天記。朱明洞無蛇蝎蚊蝱。明一統志。灤河東有石虎山。無蝎。有携至者輒死。蓋石鎮之也。故又名蝎虎山。

泉

水佳○詩毖彼泉水○水譜井水輕○泉水重○南史王弘之傳始寧沃州有佳山水○曾鞏醒心亭記草木衆而

人少疾○史記方內艾安民人靡疾○漢書鼂錯傳陰陽調○四時節○日月光○風雨時○膏露降○五穀熟○民不疾疫○

因而乘騎閱河隈○國策君不如因而親之○孟浩然詩乘騎度荆關○李嶠詩黃金瑞榜絳河隈○白玉仙輿紫禁來○

灣灣曲曲淌林樾○柳貫詩沙水淨灣灣○袁桷詩門當楊柳灣灣碧○唐太宗山池賦疊風紋兮連復連○折廻流兮曲復曲○朱子詩武夷山上有仙靈○山下寒流曲曲清○宣和畫譜李令穰畫陂湖林樾○荒遠閒暇○自有得意

處。李華賦靈山霧歇。靄靄林樾。權德輿詩東風變林樾。南畝事耕犁。測量荒野閲水平周禮大司徒以土圭之法測土深。漢書律歷志量者所以量多少也。韓非子深不可測。大不可量。傳休奕樂府蘭茝出荒野。萬里升紫庭。杜甫詩地旱荒野大天遠。暮江遲。周禮考工記匠人建國水地以垂。鄭注於四角立植而垂以水。望其高下。高下既定。乃為位而平地。尚書大傳非水無以準萬里之平。莊子水靜則平中準。大匠取法焉。何晏景福殿賦制無細而不協于規景。作無微而不違于水臬。五臣注水臬水平也。莊田勿動樹勿發舊唐書宣宗紀官健有莊田戶籍者。仰州縣放免差役。荀子正錯而勿動。詩勿翦勿伐。禮記毋伐大樹。周禮考工記匠人一耦之伐注伐之言發也。疏伐發也以發土于上。

自然天成地就勢

易傳天高地下。自然之勢也。書故名伐也。地平天成。南史文學傳論蘊思含毫。遊心內運。放言落紙。氣韻天成。太元經物皆成象而就也。

不待人力假虛設

詩景山與京。疏丘者自然而有。京者人力所為。姚合鳳翔新亭詩地形當要處。人力是閑時。漢書虛設不然之事。梁肅文按經正義非虛設也。

君不見磬錘峯獨峙山麓立其東

黃氏日抄唐人樂府多用君不見三字。如吳筠

之行路難李白之將進酒闊復本之巫山高是也其即古樂府獨不見之遺乎水經注巍然獨秀孤峙河陽穀梁傳林屬于山曰麓劉峻山棲志序登自山麓漸高漸峻杜甫詩亭午下山麓張衡南都賦武闕關其西桐栢揭其東

又不見萬壑松偃蓋重林造化同

白居易樂府君不見昔時呂向美人賦又不見今日上陽白髮歌葉夢得玉澗襍書玉澗道旁古松合抱微風驟至清聲琅然萬壑皆應李白詩為我一揮手如聽萬壑松抱朴子大陵偃蓋之松大谷倒生之栢凡此諸木皆與天齊其長地等其久杜甫松樹障子歌陰崖却承霜雪幹偃蓋反走虬龍形張九齡詩霜清

百丈水風落萬重林鄭絪詩霜鐘初應律寂寂出重林張說詩春園既醉心和樂共識皇恩造化同

煦嫗光臨承露照禮記陰陽相得煦嫗覆育萬物注以氣曰煦以體曰嫗房千里竹室記凡天地之氣煦嫗乎春曦形乎夏凄乎秋而凜乎冬曺松詩蘇舒同聖澤煦嫗並堯仁鄭絪初日照露盤賦白華映兮光復臨露彩揚兮色彌深王儉春詩風光承露照霧色點蘭暉

青蔥色轉頻歲豐爾雅青謂之蔥漢書揚雄傳翠玉樹之青蔥傅休奕賦蔚青蔥以增茂王儉詩青蔥色轉空唐書馬周傳頻歲豐稔一疋絹易粟十餘斛

遊豫常思傷

民力○孟子一游一豫爲諸侯度○魏都賦既苗既狩○爰游爰豫○温庭筠錫宴堂詩天子自遊豫○侍臣宜樂康○禮記用民之力歲不過三日○左傳謂民力之普存也○王曾疏四海之内○知陛下愛重民力之意○豈不美歟○

又恐偏勞土木工○詩揚之水不與我戍申疏使我獨行偏當勞苦○淮南子古者明堂之制○土事不文○木工不斵○金器不鏤○漢書土木之工○窮極伎巧○曾惟忠詩土木新工賴主盟○雲山舊址重開拓○

命匠先開芝逕隄○張衡文命匠脩而新之○高允鹿苑賦命匠選工○刊茲西嶺○吴融詩已熟前峯採芝逕○

隨山依水揉輻齋○

書隨山刋木唐書翠微玉華因山藉水無築構之咎盧綸宣州詩艨艟高映浦髀睨曲隨山呂夷簡詩一一軒窗依水開周禮考工記揉輻必齊注揉謂以火槁之使木性直齊如一也

司農莫動帑金費

通考司農官名秦曰治粟內史漢景帝更名大司農漢書公卿以為虛費府帑顏師古注帑藏金帛之所也唐書韋弘機傳弘機言臣任司農十年省常費三十萬緡以治宮室可不動正帑王醇詩封章徒乞內帑金

寧拙捨巧洽羣黎

荀子成相篇下不私請各以宜捨巧拙注羣下不私謁各以所宜之道事君巧拙皆捨道德指歸論聖人去巧去力詩群

黎百姓徧為爾德漢書群臣黎庶靡不壹意北面而歸心傅休奕文舞歌羣黎以安

邉垣利刃豈可恃

漢書揚雄傳永無邉城之災蔡邕議秦築長城漢起塞垣漢書轅固傳注利兵兵刃之利者七命田遊馳蕩利刃駿足韓愈詩義和驅日月疾急不可恃白居易文山河之阻溝墉之固可用而不可恃也

荒遙無道有青史

漢書司馬相如傳欲以奢侈相勝荒遙相越揚子法言荒乎遙彌乎正莊子天下有道聖人成焉天下無道聖人生焉漢書藝文志青史子五十七篇注古史官記事也江淹上建平王書俱啓丹冊並圖青史李白詩紫芝高詠罷青史舊傳名

知警知戒勉在茲詩殷其靁疏雷聲百里警戒國疆是其義也書念茲在茲釋茲在茲詩日監在茲阮瑀文良時在茲勗之而已方能示衆撫遐邇漢書欲以示衆厲俗又韋賢傳彤弓斯征撫寧遐荒晉書令皇化日隆遐邇寧泰魏都賦遐邇悅豫而子來工徒擬議而騁巧雖無峻宇有雲樓書峻宇雕墻東京夢華錄風亭水榭峻宇高樓王融法樂詞歌峻宇臨層穹迢迢疎遠風郭璞山海經圖讚琅邪嶕嶢邈若雲樓李賀詩雲樓半開壁斜白登臨不解幾重愁孟浩然詩江山留勝迹我輩復登臨

杜甫詩留眼共登臨。古樂府著以長相思緣以結不解。劉楨詩望慕結不解。虞茂詩關山多道里。相接幾重愁。

連巖絕澗四時景

謝靈運詩連巖覺路塞。後漢書深林絕澗有若自然。庚肩吾詩層雲霾峻樹絕澗倒危峯。蔡文恭詩連巖聳百仞絕澗臨千丈。圖繪寶鑑毛松善畫花鳥四時之景。歐陽脩豐樂亭記四時之景無不可愛。

憐我晚年宵旰憂

金史王若虛傳東游泰山至黃峴峯憩萃美亭顧謂同遊曰。一生塵土中。不意晚年乃造仙府。盧思道詩少小期黃石。晚年遊赤松。唐書劉蕡傳終任賢之效。無宵旰之憂。杜甫詩宵旰憂虞軫。

若使

扶養留精力。黃庭外景經扶養性命守虛無。神仙傳洛下呂生遇仙得導養之術年近百歲而神逸氣旺。精力不倦。漢書匡衡傳精力過人。梅堯臣詩久調元化費精力。猶且未倦刪詩書。

同心治理再精求。書同心同德。星經木星大明王道和平。將相同心。帝命壽天下安。白居易詩所以聖與賢同心調玉燭。詩丘中有麻疏所在治理。信是賢人。漢書循吏傳二千石以治理效。輒以璽書勉厲。宋史每于農畝之業。精求利害之理。白居易文勤卹黎元之隱。精求牧宰之材。

氣和重農紫宸志。禮記奮至德之光。動四氣之和。漢書公孫弘傳心和則氣和。氣和則形和。形和則聲和。聲和則天地之和應矣。詩率時農夫䟽德既著至。而猶尚重農。以是而益可美矣。漢書貢禹傳罷錢幣而重農。使民一歸于農。唐書百官志仗在紫宸內閣。起居舍人夹香案分立殿下。唐會要龍朔三年四月。始御紫宸殿聽政。孫逖詩鳳管臨青路。龍輿下紫宸。李憕詩覃恩降紫宸。

烽火不煙億萬秋。

後漢書築亭候。修烽火。酉陽襍俎狼糞煙直上。烽火用之。唐明皇詩長榆息烽火。高柳靜風塵。盧照鄰文斥候無烽煙之儆。宋史樂志嘉壇並侑億萬斯年。嵇含菊花銘煌煌丹菊。萬秋彌榮。

無暑清涼

循芝逕北行。折而少東。過小山下。紅蓮滿渚。綠樹緣堤。面南夏屋軒敞。長廊聯絡。爲無暑清涼。山爽朝來。水風微度。泠然善也。

畏景先愁永晝長。歲華紀麗。火雲方熾。畏景尤長。又炎風畏景。火雲赫日。朱子詩亭午息畏景薄暮登危巒又玩此消永晝泠然滌幽襟楊載詩鳴琴消永晝晉書天文志夏至日行地中淺故夜短天去地高故晝長也劉禹錫詩深春風日淨晝長幽鳥鳴朱子詩綠樹鶯啼清晝長

晚年好靜益傍徨

高適詩常日好讀書晚年學垂綸老子我無為而民自化我好靜而民自正道德指歸論含德之士非好靜而惡擾也杜甫詩好靜心跡素莊子孔子彷徨乎塵垢之外子虛賦秋田乎青丘彷徨乎海外

三庚退暑清風至

月令廣義夏至後第三庚為初伏第四庚為中伏立秋後第一庚為末伏故曰三伏田家四時占三卯三庚麥出低坑三庚三卯

麦出坳巧周存授衣賦大火中而退暑白露泫而成秋國語駟見而隕霜火見而清風戒寒周鍼登吳嶽賦碧草春含清風夏寒杜甫詩清風左右至客意已驚秋

九夏迎涼稱物芳

水經注壽春縣東臺湖三春九夏紅荷覆水唐太宗詩北闕三春晚南榮九夏初杜陽雜編迎涼之草盛暑束之窗戶間涼風自至史記其志潔故其稱物芳

意惜始終宵旰志

莊子無古無今無始無終鬻子政者衛也始終之為衛唐書劉蕡傳終任賢之效無宵旰之憂羅隱詩聖君宵旰望昇平

踟躕自問濟時方

詩搔首踟躕仲長統樂志論踟躕畦

苑游戲平林白居易詩每来花下得踟躕又自問何欣欣後漢書崔寔傳濟時拯世之術羅隱詩暫憑開物手来展濟時方

谷神不守還崇政

老子谷神不死列子注夫谷虛而宅有亦如莊子之稱環中至虛無物故謂谷神庾信詩虛無養谷神張説詩清虛用谷神貴耳集伊川濂溪一世道統之宗用大臣薦為崇政殿說書

暫養囬心山水莊

漢書賈誼傳夫移風易俗使天下囬心而嚮道潘岳詩僶俛恭朝命囬心反初役劉禹錫詩綠蘿陰下有山莊吳興園林記蓮花莊在月河西四面咸水荷花盛開錦雲百頃

延薰山館

入無暑清涼轉西。為延薰山館。楹宇守朴。不雘不雕。得山居雅致。啟北户。引清風。幾忘六月。

夏木陰陰蓋溽暑。淮南子冬冰可折。夏木可結。時難得而易失。王粲賦夏木兮結莖。陶潛詩高莽眇無界。夏木獨森踈。謝朓詩紫殿肅陰陰。王維詩陰陰夏木囀黃鸝。又緑樹重陰蓋四鄰。禮記季夏之月。土潤溽暑。大雨時行。齊書樂章陽季勾萌達。炎徂溽暑融。江淹表祁寒溽暑。無以變其和。

炎風欵欵守峯衘。

呂氏春秋風有八等。炎風。滔風。熏風。巨風。凄風。飂風。厲風。寒風。梁元帝纂要風曰炎風。節曰炎節。岑參詩山下多炎風。杜甫詩點水蜻蜓欵欵飛。楊允孚詩太僕龍車欵欵調。徐𤊹詩寒信催花三月近。夕陽流影半峯衘。

山中無物能解愠。

沈約詩山中咸可悅。賞逐四時移。儲光羲詩山中有流水。藉問不知名。禮記不誠無物。列子殷湯問于夏革曰。古初有物乎。夏革曰。古初無物。蘇軾詩遠來無物可相贈。一味豐年說淮潁。家語舜作五絃琴歌曰。

南風之薰兮可以解吾民之慍兮韋元旦詩欣承**獨**
解慍詞聖酒黃花發崔日用詩蘭吹解薰風
有清涼免脫衫莊子出入六合遊乎九州獨往獨来是謂獨有岑參詩獨有鳳皇
池上客周禮注清涼宜文繡䟽文繡必于清涼者以其
染絲為之若于夏暑損色故待秋涼為之也五代史
郭崇韜傳可使溽暑坐變清涼班固西都賦清涼宣
溫神仙長年注三輔黃圖曰未央宮有清涼殿五臺山
志五臺山本名清涼山陶潛詩清涼素秋節
梁簡文帝詩脫衫湔錦浪迴扇避陽烏

水芳巖秀

水清則芳。山靜則秀。此地泉甘水清。故擇其所宜。邃宇數十間。於焉誦讀。幾暇靜養。可以滌煩。可以悅性。作此自戒始終之意云。

水性雜苦甜。易水流濕注水之性。潤萬物而退下。書潤下作鹹疏水性本甘。久浸其地。

變而為鹵。鹵味乃鹹。爾雅釋言鹹苦也。䟽鹹殊極必苦。故以鹹為苦也。魏志牽招傳廣武井水鹹苦。北史房豹傳樂陵郡瀕海。水味多鹹苦。豹命鑿一井。遂得甘泉。洞冥記去虞淵八十里。有甘溪。水味如蜜。韓愈詩百味失苦甜。蘇軾詩恰似飲茶甘苦雜。不如食蜜中邊甜。

水芳即體厚

荊州風土記南陽酈縣北有菊水。源旁悉芳菊。水極甘馨。飲此水。上壽百二十。中壽百餘。傳休奕詩秋蘭蔭玉池。池水清且芳。韓愈詩水芳綴孤舟。袁凱詩茲為山水選。風氣固深厚。濟南名泉七十二。薩都剌詩天下知名第一泉。晉書范汪傳多所通覽。

名泉亦多覽

水記

未若此為首

史記

司馬相如傳永保鴻名而常為稱首者用此漢書董仲舒傳裒然為舉首頤卦明口實易頤貞吉觀頤自求口實庾肩吾啓方為口實永以蠲痾得正自養壽易頤象辭頤貞吉養正則吉也觀頤觀其所養也自求口實觀其自養也疏頤養也貞正也所養得正則有吉也在下觀上所養是賢及自養有節則其德盛也史記老子傳老子百有六十餘歲或言二百餘歲以其脩道而養壽也潛夫論頤養性命以保南山之壽嵇康詩永嘯長吟頤性養壽擇地立偃房漢書馮奉世傳贊擇地而行潘岳賦清道而行擇地而往雲笈七籤九皇之神席天

尊之**根基度長久**。淮南子城之有基。木之有根。根深即本固。基美則上寧。詩經始靈臺疏經理而量度。初始為靈臺之基址。又大雅度其隰原。周禮土方氏以土地相宅注土地猶度地。知東西南北之深。而相其可居者。國策長久萬世之善計也。老子天長地久。

節宣在茲求。左傳君子於是乎節宣其氣。權德輿錢銘節宣好惡。無愆五事。邵子詩節宣良得宜。書大禹謨念茲在茲。釋茲在茲。王儉山居贊濠梁在茲。何事遐思。宋史陸九淵傳本無欠闕。不必他求。在乎自已而已。

勤儉勿落後。書大禹謨克勤于邦。克儉于家。文中子不勤不儉。無以為人上也。白居易文勤儉以牧人。李白詩風流肯落他人後。真德秀跋鰓鰓然恐落他人後。

朝窓千巖裏。

梁簡文帝詩朝窓猶掩扇。韓翃詩夜簟千峯月。朝窓萬井烟。儲光羲詩千巖同一色。高適詩揷岸千巖幽。孔武仲詩千巖萬壑初相識。分付晴嵐面面開。儲光羲詩卜築青巖裏。雲蘿四垂陰。皮日休詩蒙巃中一逕。遠在千峯裏。

峭壁似天剖。

劍門山記峭壁中斷兩崖相嵌如門斯闢。如劒斯植。高適詩峭壁連空峒。攢峯疊翠微。杜牧詩峭壁引竹徑。截溪開石門。薛逢詩峭壁橫空限一隅。劃開元氣建洪樞。揚雄文天剖神符。地合靈契。

遠託思雲漢

嵇康詩。遠託崑崙墟。何劭詩。悟物思遠託。詩大雅倬彼雲漢。為章于天。唐書天文志。雲漢自坤抵艮為地紀。北斗自乾攜巽為天綱。埤雅。水氣之在天為雲。水象之在天為漢。杜甫詩。杳窕入雲漢。

怡神至星斗

文房四譜。唐太宗曰。攻書之時。當收視聽。絕慮怡神。傅休奕賦。怡神爽而解頤。歐陽澈詩。澈玉泉聲清洗耳。靄雲香縷靜怡神。列子。星積氣之中有光耀者。漢書天文志。北斗天之喉舌。斟酌元氣。運平四時。晉書元帝紀論。星斗呈祥。杜甫詩。秀氣冲星斗。

精研書家奧

後漢書何休傳。精研六經。世儒無及者。張說文。經目所涉。罔不精研。宣和書譜。梁武帝得羲之千字。令周興嗣次之自爾書家每以是為程課鮮于樞王大令帖詩不讓驪黃求駔駿書家自有九方皐張懷瓘書斷今天子筆精墨妙思極天人然猶進而不已惟奧惟玄虞世南書旨述八體六文必揆其理制成今體乃窮奧旨

臨池愈澁手

法書要錄張芝臨池學書池水盡墨庾肩吾書品論敏手謝於臨池銳意同於削板岑文本述飛白勢詩別有臨池草恩霑垂露餘姑溪題跋陳瑩中作小楷有秀氣時拘窘自澁王建詩水寒手澁絲脆斷

清淡作飲饌

晉書儒林傳清虛冲淡與俗異軌神仙傳薊子訓性好清淡孔平仲詩清淡得我性蘇轍詩來飲杯饌闕

偏心惡

旨酒（孟子禹惡旨酒而好善言。何承天將進酒篇思旨酒寄遨遊。敗德人。甘醇醪。）讀老

無逸篇（杜甫詩數篇吟可老。陸游詩讀書有味聊忘老。書君子所其無逸。先知稼穡之艱難。乃逸則知小人之依。唐書崔植傳宋璟手寫尚書無逸圖以獻。宋史仁宗紀景祐二年。置邇英延義二閣寫尚書無逸篇於屏。）

年年祝大有（唐明皇詩處處祠田祖年年宴杖鄉。趙彥昭詩年年歲歲樂於斯。蔣渙詩年年承雨露。禮記月令天子乃祈来年於天宗。詩魯頌自今以始。歲其有。疏五穀大熟。豐有之年。春秋大有年。公羊傳大有年者何。大豐年也。王維詩四海方無事。三秋大有年。）

萬壑松風

在無暑清涼之南據高阜臨深流長松環翠壑虛風度如笙鏞迭奏聲不數西湖萬松嶺也

偃蓋龍鱗萬壑青抱朴子大陵偃蓋之松大谷倒生之栢凡此諸木皆與天齊其長地等其久杜甫題松樹障子歌陰崖却承霜幹偃蓋反走虯龍形司馬光詩倚崖松偃蓋埤雅龍八十一

鱗具九九之數王維詩閉户著書多歲月種松皆作老龍鱗晉書顧愷之傳愷之至荆州人問以會稽山川之狀愷之云千巖競秀萬壑争流鮑照登廬山詩千巖盛阻積萬壑勢迴縈李白詩望極九霄迥賞幽萬壑通

逶迤芳甸雜雲汀

淮南子河逶迤故能遠馬第伯封禪儀記羊腸逶迤名曰環道高士傳四皓歌漠漠高山深谷逶迤白居易詩新溜碧逶迤謝朓詩雜英滿芳甸梁簡文帝咏風詩飄飖散芳甸汎漾下蓬萊許敬宗詩春暉散芳甸杜甫詩鶴下雲汀近周砥詩月明吹笛看雲汀

白華朱萼勉人事

詩小序白華孝子之潔白也李善文選注言孝子事父母亦潔已如白華

束皙補亡詩白華朱萼被於幽獨注華萼在林薄之中若孝子之在衆兄弟中自然鮮潔王勃啓趨庭洽訓共歌朱萼之篇避席承歡猶守青箱之業史記太史公自序夫春秋上明三王之道下辨人事之紀史通堯舜二典直序人事禹貢一書唯言地理

愛敬南陔樂正經

孝經愛敬盡於事親而德教加於百姓潘尼安身論忠肅以奉上愛敬以事親可以御一體可以牧萬民詩小序南陔孝子相戒以養也李善文選注陔隴也言南者南方養萬物此以戒養故取之為名束皙補亡詩循彼南陔言采其蘭注以蘭芬芳故循陔采之以養父母高適詩高堂詠南陔蘇頲詩自有長筵歡不極還將綵服咏南陔詩譜序文武之

德光熙前緒其時風有周南召南雅有鹿鳴文王之屬及
成王周公致太平制禮作樂而頌聲興焉謂之詩之正經
晉書司馬彪傳譙周以司馬遷史記書周秦以上或採俗
語百家之言不專據正經周于是作古史考二十五篇皆
憑舊典以糾遷之謬誤宋史選舉志當於正經出題
抱朴子正經為道義之淵海子書為增深之川流

松鶴清越

進榛子峪香草遍地異花綴崖夾嶺虬松蒼蔚鳴鶴飛翔登蓬瀛臨崑圃神怡心曠洵仙人所都不老之庭也

壽比青松顛

南昌志建昌冷水觀壽松一株盤屈奇古黃庭堅天保松銘勿伐勿敗祝

聖人壽。于邵畫松讚頖主人之山壽。從君子之靜觀江淹詩青松挺素萼。孟郊詩青松多壽色。杜甫詩青松寒不落。

千齡葉不凋

淮南子千歲之松。下有茯苓。上有兔絲。述異記千年之松香聞十里外。一名十里香。徐陵文千齡壽鶴。或舞松枝。李嶠詩喬木千齡外。懸泉百尺餘。荀子松栢隆冬而不凋。蒙霜雪而不變。可謂得其貞矣。嵇康詩遙望山上松。隆冬不能彫。張宣明詠松詩寒霜十二月。枝葉獨不凋。

銅龍鶴髮健

漢書龍樓門注門樓上有銅龍若白鶴飛亷之為名也。王勃九成宮頌序銅龍對霤。接飛瀑而常流。鐵鳳連甍。當驚颷而佇立。賈曾詩銅龍曉闢問安迴。李商隱詩玉壺傳

喜動四時調

點咽銅龍歐陽脩詩鶴髮高堂獻壽觴蘇軾詩鶴髮初生千萬壽玉海章騰郡國開數千百所之祥喜動公卿上於萬斯年之頌朱子壽毋生朝詩今朝喜色動簾幃楊萬里文四時調于玉燭五星協于珠囊

雲山勝地

萬壑松風之西。高樓北向。憑窗遠眺。林巒煙水。一望無極。氣象萬千。洵登臨大觀也。

萬頃園林達遠阡。謝惠連雪賦眄隰則萬頃同縞。范仲淹岳陽樓記上下天光一碧萬頃。溫庭筠詩萬頃江田一鷺飛。陶潛詩詩書敦夙好。園林無俗情。祖詠詩南山當户牖。澧水入園林。儲光羲詩天高風雨散。清氣在園林。唐無名氏千畝望幸賦脩隴惟直。遐阡甚夷。趙孟頫題耕織圖詩相呼攜筐去。迤邐立遠阡。

湖光山色入詩箋

李羣玉詩湖光迷翡翠草色醉蜻蜓。馬戴詩門前山色能深淺。壁上湖光自動搖。朱子詩月色三秋白。湖光四面平。王維詩江流天地外。山色有無中。岑參詩山色低官舍。湖光暎吏人。蘇軾詩湖光瀲灧晴偏好。山色空濛雨亦奇。蜀箋譜百韻箋。合以兩色材為之。其横視常紙長三之二。可以寫詩百韻。故云。賈島詩抄詩上彩箋。吳澄詩賡詩何惜費長箋。

披雲見水平清理

世說衛伯玉見樂廣。曰。此人人之水鏡也。見之若披雲霧覩青天陸機連珠披雲看霄則天文清澄風觀水則川流平謝靈運詩排霧屬朱明披雲對清朗李縱詩頗欲披雲見楚辭九思窺見兮溪澗流水兮沄沄司空圖河上詩沙邨平見水深巷有鷗聲詩原隰既平泉流既清注土治曰平水治曰清崔駰大理箴如石之平如淵之清吳融詩依依芳草拂檐平遶竹溪流浸骨清

未識無愆守節宣

孔稚圭謝賜生荔枝啟信西岷之佳珍諒東鄙之未識宋之問翦綵花應制詩人間都未識天上忽先開書鑒于先王成憲其永無愆漢書蕭望之傳率意無愆靡有後言後漢書朱暉傳黃髮無愆左傳君子有四時朝以聽政晝以訪問夕以脩令夜以

安身。於是乎節宣其氣。勿使有所壅閉湫底以露其體。隋書律曆志九章五紀之旨。三統四分之說。咸以節宣發斂。考詳晷緯。布政授時。以爲皇極者也。文心雕龍吐納文藝。務在節宣。權德輿幾銘節宣好惡。無愆五事。

四面雲山

澄泉繞石迤西。過泉源。盤岡紆嶺。有亭翼然。出眾山之巔。諸峯羅列。若揖若拱。天氣晴朗。數百里外巒光雲影。皆可遠矚。亭中長風四達。伏暑時蕭爽如秋。

殊狀崔嵬裏　後漢書禰衡傳贊殊狀共體同聲異氣　丘遲詩詭怪石異象嶄絶峯殊狀　韓愈詩呑納各殊狀　詩陟彼崔嵬　宋之問詩帳殿鬱崔嵬仙游實壯哉　李中舟中望九華山詩排空蒼翠異輟棹肴崔嵬

蘭衢入好詩　謝靈運撰征賦引蔓頴於松上擢纖枝于蘭逵　爾雅九達謂之逵四達謂之衢　白居易詩樓閣宜佳客江山入好詩　羅隱詩百尺鮫綃換好詩

遠岑如競秀　李中詩開門對遠岑　吳鎭詩亭下人家帶遠岑　晉書顧愷之傳還至荆州人問以會稽山川之狀愷之云千巖競秀萬壑爭流草木蒙蘢若雲興霞蔚　葉顒詩孤雲屢出奇羣峯競呈秀

近

嶺似争奇○

嚴維詩 小嶺路雖近○仙郎此夕過○支曇諦廬山賦 峯奇故神明鱗萃○王十朋賦 五泄争奇於雁蕩○四明競秀于天台○沈約遊鍾山詩 嶔地多奇嶺○干雲非一狀○

雨過風来繫○

種樹書 栽竹無時○雨過便移○李商隱詩 曾省驚眠聞雨過○李中詩 遥天踈雨過○宋之問詩 風来花自舞○王昌齡詩 半夜春風来○杜牧詩 風繫雲輕欲變秋○

山寒花落遲○

蕭慤詩 山寒石道凍○杜甫詩 山寒雨不開○黄公紹壺公山詩 山寒徹三伏○松偃出千年○顧野王詩 風輕鶯韻緩○霜灑落花遲○柳惲詩 葉密鳥飛礙○風輕花落遲○

亭遥先得月○

魏文帝詩

遥遥山上亭。李中詩 翠色晴来近。長亭路去遥。清夜録 范文正鎮錢塘。兵官皆被薦。獨廵檢蘇麟不見録。乃獻詩云。近水樓臺先得月。向陽花木易為春。王阮詩 野曠易得月。谷虚常帶烟。

樹客顯高枝 許渾詩 樹客猿聲響。波澄鴈影深。郝經詩 樹客鶯愁濕。陶潜詩 卓然見高枝。杜甫詩 屈鐵交錯迴高枝。

潮平無湧浪 王灣詩 潮平兩岸濶。風正一帆懸。王維詩 慘淡暮潮平。丁復西湖竹枝歌 錢塘潮来兩岸平。唐書 黄帝祠古井湧浪。杜甫詩 江間波浪兼天湧。劉基詩 南溟風浪湧吞舟。

霧净少多岐 梁簡文帝詩 星明霧色净。天白雁行單。列子大道以多岐亡羊。許渾詩世路任多岐。朱子詩多岐諒匪安。

脉脉金明液

古詩盈盈一水間。脉脉不得語。范雲詩誰云相去遠。脉脉阻光儀。宋史禮志淳化三年三月。帝幸金明池。湘山野録張鄧公士遜。晚春出南薰。繚繞都城游金明。抵暮指宜秋而入。皮日休詩金液初開與鶴嘗。

溶溶積翠池

楚辭情溶溶其若淵。白居易詩渭水綠溶溶。李德裕詩碧山幽靄水溶溶。唐書魏徵傳帝宴羣臣積翠池。酣樂賦詩。唐太宗述聖賦序其勝地則有積翠凝碧。庾信瀋池詩翻逢積翠浪。更識昆明灰。

常憂思解慍

鄭谷詩雪天常見憂。家語舜作

五絃琴歌曰南風之薰兮可以解吾民之愠兮張天興賦南風解愠兮正德厚生張九齡詩解愠物從風

樂志餘清悲

禮記獨樂其志不厭其道國策非以養欲而樂志也欲以論德而要功也後漢書仲長統傳欲卜居清曠以樂其志統嘗作論又作詩二篇以見其志陸機詩閒夜撫鳴琴惠音清且悲蘇軾詩老人不解飲短句餘清悲陸游詩神林簫鼓晚清悲

素學臣鄰老

史記莊周傳周善屬書離辭指事類情用剽剝儒墨雖當世宿學不能自解免也任昉表宿心素志無復二辭書臣哉鄰哉邵雍詩初心夲欲賤臣鄰帝里司迴斗柄春

耆年

自不知。晉書食貨志九年耕稼。而有三年之蓄。可以長孺齒。可以養耆年。符生載記碩德耆年。德侔尚父。鄭谷詩捻脩自不知。白居易詩忽看月滿還相憶。始歎春来自不知。李商隱詩自有仙才自不知。

北枕雙峯

環山莊皆山也。山形至北尤高。亭之西北。一峯峻出。勢陂陀而逶迤者。金山也。其東北。一峯拔起。勢雄偉而崒嵂者。黑山也。兩峯翼抱。與兹亭相鬲峙焉。

嶔崎岡岫紫宸闕謝靈運山居賦上嶔崎而蒙龍下深沉而澆激張正見石賦連山蔽虧巨石嶔崎爾雅釋山山脊岡山有穴為岫五代史李琪傳紫宸便殿也謂之閤唐會要紫宸者人臣至敬之所猶玄極可見不可得而升也楊巨源皇壽無疆詩玉漏飄青瑣金鋪麗紫宸鄭錫日中有王字賦臨紫宸子千門洞照出黃道子八極增光白居易詩衙排宣政仗門啓紫宸闕

乾地金峯坎黑山易說卦乾西北之卦也又乾為金江淹游黃檗山詩金峯各窺日銅石共臨天易說卦坎者水也正北方之卦也書禹錫玄圭注水色黑張子容詩黑山峯外陣雲開

苦熱

雲生雙嶺腹梁簡文帝有苦熱詩全唐詩話文宗夏日與諸學士聯句曰人皆苦炎熱我愛夏日長柳公權續曰薰風自南来殿閣生微凉李商隱詩又若夏苦熱燋卷無芳津符子堯曰予立櫺扉之内霏然而雲生於牖沈約詩雲生嶺乍黑日下谿半陰劉克莊詩路由高頂過雲在半腰生盧思道詩雙嶺帶崤西儲光羲詩雙嶺前夾門唐太宗詠雨詩低飛昏嶺腹斜足灑層阿

盆傾瞬息落溪灣張喬華山詩一夜盆傾雨陸游詩雷車動地電火明急雨遂作盆盎傾宋史薛季宣傳瞬息徧百里王僧孺文瞬息不留朱子詩宇宙一瞬息爾雅釋水水注川曰溪許渾詩溪

亭四面山。橫柳半溪灣。元明善詩鶴歸月落前溪灣。

西嶺晨霞

傑閣凌波。軒窗四出。朝霞初煥。林影錯繡。西山麗景。入几案間。始登閣。若履平地。忽緣梯而降。方知上下樓也。

雨歇更闌斗柄東。虞世南詩雨歇連峯翠。崔湜詩雨歇青林潤。烟空綠野

閑李燈詩雨歇南山積翠来李覯詩一宵清話到
更闌方干詩晨雞兩遍報更闌鷃冠子斗柄東指
天下皆春張翥詩夜夜雲隨斗柄東韋元
旦詩年年斗柄東無限願把瓊觴壽北辰成霞
聚散四方風河圖崑崙山有五色水赤水之氣
上蒸為霞錢起青城山歌錦屛雲
起易成霞王洞花明不知夕楊萬里詩晚雲雨過
却成霞王建古謠一聚一散天邊霞韋執中白雲
無心賦氤氤氳氳或聚或分其散也氣其興也雲
爾雅釋天南風謂之凱風東風謂之谷風北風謂之涼
風西風謂之泰風淮南子古者明堂之制下之潤濕
弗能及上之霧露弗能入四方之風弗能襲王嘉

拾遺記崑崙山有四面風東西南北一時俱作

時光豈在凌雲句歐陽脩詩身閒始覺時光好史記司馬相如傳飄飄有凌雲之氣王勃滕王閣序楊意不逢撫凌雲而自惜杜甫詩凌雲健筆意縱橫文心雕龍長卿之徒詭勢瓌聲模山範水所謂辭人繁句也

寡過清談宜守中禮表記恭近禮儉近仁信近情敬讓以行此雖有過其不甚矣夫恭寡過情可信儉易容也論語夫子欲寡其過而未能也朱子詩寡過良所欲後漢書鄭泰傳清談高論噓枯吹生唐書賀知章傳善談說與陸象先善象先嘗謂人曰季真清談風流吾一日不見則鄙吝生矣歐陽脩詩

玉麈清談消永日。老子

多言數窮。不如守中。

鍾峯落照

平岡之上。敞亭東向。諸峯横列於前。夕陽西映。紅紫萬狀。似展黄公望浮嵐暖翠圖。有山矗然倚天。特作金碧色者。磬鍾峯也。

縱目湖山千載留。

杜甫詩南樓縱目初。方干詩縱目四山宜永日。開襟五月似高秋○張鏡觀象賦縱目遠覽○傍極四維○李白詩風開湖山貌○錢起詩湖山遠近色○昏旦烟霞時○歐陽脩有美堂記環以湖山○左右映帶○劉長卿詩千載空雲山○梁簡文帝詩高名千載留○

白雲枕澗報深秋○

史記封禪書夜若有光○晝有白雲起封中○淮南子白泉之埃上為白雲○謝靈運詩巖高白雲屯○謝惠連詩蕭踈野趣生逶迤白雲起○白居易泛渭賦目白雲予漱清流○爾雅釋山山夾水澗○梁簡文帝䟽枕倚巖壑○吐納烟雲○湯洙詩層巒枕碧溪○韓翃詩風吹山帶遙知雨露濕荷裳已報秋○許棠詩報秋涼漸至○李中詩影踈當夕照○花亂正深秋○范成大詩新霜徹曉報秋深○染盡青

林作繖林。

巉巖自有爭佳處

爾雅崒者厜㕒注謂峯頭巉巖。劉勰新論聳石巉巖。輪囷糺結。謝朓詩巉巖帶遠天。蘇軾後赤壁賦履巉巖披蒙茸。宋史張宗誨傳嵩洛伊瀍天下佳處。皆閒適之人所自有耳。續世說盧藏用指終南曰此中大有佳處。韓愈詩頗借圖經將入界。每逢佳處便開看。

未若此峯景最幽

梁簡文帝行雨山銘茲峯獨擅嶔崎千變。吳鎮松泉圖詩景幽佳子足靜賞。戴叔倫詩湖山景最幽。李中詩詩家景最幽。

南山積雪

山莊之南。復嶺環拱。嶺上積雪。經時不消。於北亭遙望。皓潔凝映。晴日朝鮮。瓊瑤失素。峨眉明月。西崑閬風。差足比擬。

圖畫難成丘壑容○李嘉祐詩圖畫風流似長康。林逋詩晚來山北景。圖畫亦應非李頻詩馬頭山色畫應難方干詩氣象四時清無人畫得成晉書謝鯤傳一丘一壑自謂過之王勃序縱觀於丘壑渺然有山林陂澤之思李白詩自愛丘壑美孫覿詩一丘破天巧萬壑迴春姿

濃粧淡抹耐寒松

麻九疇詩歲寒未許東風管淡抹濃粧得自由耶律楚材詩反笑素英渾淡抹却嫌紅艷太濃粧朱子詠雪詩不應琪樹猶含凍翻笑楊花許耐寒論語歲寒然後知松栢之後凋也李頎詩寒色五陵松

水心山骨依然在

晉書束晳傳秦昭王見金人奉水心之劒孫覿詩行穿山半腹坐占水中心薩都剌詩水心驚起鴛鴦飛博物志

地以名山為輔佐。石為之骨。圖繪寶鑑范寬落筆。雄偉老硬。真得山骨。吳筠詩清寒入山骨。元好問詩溪光淡於冰。山骨淨如玉。王勃宴山亭序巖壑依然。弦歌在屬。韋嗣立詩谿嶂各依然。

不改冰霜積雪冬○

王儉高松賦貫四時而不改。岑參詩千古長不改。鮑照樂府君不見冰上霜。表裏陰且寒。王安石詩草樹萎已綠。冰霜尚涵淹。晉書陶侃傳積雪始晴。餘雪猶濕。楚辭九歌斲冰兮積雪。謝靈運詩明月照積雪。唐庚詩山好更宜餘積雪。杜甫詩雪片一冬深。

梨花伴月

入梨樹峪過三岔口循澗西行可里許依巖架屋曲廊上下層閣參差翠嶺作屏梨花萬樹微雲淡月時清景尤絶

雲窓倚石壁 李嶠詩雲窗網碧紗黃庭堅詩赤壁風月笛玉堂雲霧窗謝靈運遊

名山志石門山兩邊石壁右邊石巖下臨澗水。江淹詩輕眺清波深。緬瞮石壁素。李白詩枯松倒掛倚絶壁。

月宇伴梨花

江總詩月宇照方疏。宋之問詩仙來月宇空。李嶠詩月宇臨丹地。洞冥記塗山之地有梨。大如斗。紫色千年一花。食者身輕。亦曰紫輕梨。杜甫春雪詩只緣春欲盡。留著伴梨花。

四季風光麗

蔡邕月令問答春木王木勝土。土王四季。月令廣義四季上寅採菊。參同契土遊於四季。守界定規矩。張蠙詩四季多花木。窮冬亦不凋。謝朓詩日華川上動。風光草際浮。劉孝綽詩芳洲亘千里。遠近風光扇。泠朝陽詩風光何處好。雲物望中新。

千巖

土氣嘉○世說顧長康從會稽還人問山川之美長康云千巖競秀萬壑争流謝惠連雪賦瞻山則千巖俱白蘇軾詩日亂千巖散紅綠物理論水土之氣升而為天列子東極之北隅有國曰阜落之國其土氣常燠陸機吳趨行山澤多藏育土風清且嘉

瑩情如白日○江淹詩瑩情無餘滓拂衣釋塵務詩如日之升謝惠連雪賦白日朝鮮劉楨詩仰觀白日光皎皎高且懸

託志結丹霞○宋玉九辯竊慕詩人之遺風兮顧託志乎素餐左思蜀都賦舒丹氣而為霞朱子感春賦結丹霞以為綬兮佩明月而為璫

夜靜無人語○謝惠連雪賦夜幽靜而多懷鄭

御製詩

谷朝直詩落花夜靜宮中漏。陸釴詩琪花夜靜流金液。白居易禁中夜直詩此時閒坐寂無語。楊子器早朝詩朝下迥無人語雜。

朝来對客誇

晉書王徽之傳西山朝来。致有爽氣。張九齡詩朝来逢宴喜。春盡却妍和。陸游詩幽事還堪對客誇。楊載詩詩成任客誇。

曲水荷香

碧溪清淺隨石盤折流為小池藕花無數綠葉高低每新雨初過平隄水足落紅波面貼貼如泛杯蘭亭觴詠無此天趣

荷氣參差遠益清 庾信詩半道聞荷氣中流覺水寒韋應物詩微風送

荷氣王安石詩荷氣馥初涼方岳詩只餐荷氣亦成儽詩周南叅差荇菜左右流之沈約詩叅差互相望杜衍詩鑿破蒼苔漲作池芰荷分得綠叅差周子愛蓮説香遠益清亭亭淨植可遠觀而不可褻玩焉

蘭亭曲水亦虛名

水經注浙江又東與蘭溪合南湖有天柱山湖口有亭號曰蘭亭王羲之蘭亭集序暮春之初會於會稽山陰之蘭亭脩稧事也又又有清流激湍映帶左右引以為流觴曲水列坐其次晉書束晳傳武帝問摯虞三日曲水之義晳進曰秦昭王以三日置酒河曲見金人奉水心之劍因此立為曲水北史曲水者取乾道曲成萬物無滯蜀志秦宓傳

處空虛之名○陸機詩顧景媿虛名○

八珍旨酒前賢戒○

周禮天官膳夫凡王之饋○珍用八物○注謂淳熬○淳母○炮豚○炮牂○擣珍○漬○熬肝膋也○唐書儒學傳八珍百品可嗜之饌○美饈甘旨○謂之褻味○張蘊古大寶箴羅八珍於前○所食不過適口○詩賓之初筵篇酒既和旨○集傳韓氏序曰○衛武公飲酒悔過也○國策儀狄作酒○禹飲而甘之○遂疏儀狄○絕旨酒○隋書王貞傳前賢後聖○代為師祖舊唐書褚遂良傳前賢作法○規模弘遠○後漢書明帝紀永覽前戒○竦然兢懼○

空設流觴金玉羹○

詩載纘武功疏事不可以空設○王筠詩徒設玉版羹○誰酌蘭英酒○晉書束晳

傳周公成洛邑。因流水以汎酒。故逸詩云。羽觴隨波。荆楚歲時記三月三日。土人並出水渚。為流觴曲水之飲。戴叔倫詩面山如對畫。臨水坐流觴。山家清供山藥與栗各片截。以羊汁加料煑。名金玉羹。

風泉清聽

兩峯之間。流泉滴滴。微風披拂。滴石作琴筑音。與鶴鳴松韻相應。泉味甘馨。怡神養壽。恰合章孝標松下泉詩。注瓶雲母滑。漱齒茯苓香。

瑤池芝殿老萊心。

穆天子傳天子觴西王母於瑤池之上。邢子才詩弭蓋屬瑤池。杜甫詩西望瑤池降王母。漢書宣帝神雀元年。金芝九莖產於涵德殿銅池中。東觀漢記明帝永平七年。公卿以芝生前殿。表賀奉觴上壽。劉孺侍宴詩芝殿延藻景。李義府詩明王敦孝感寶殿秀靈芝。孝子傳老萊子至孝。年七十。著五色斑斕衣。弄雛烏於親側。朱子詩但願年年似今日。老萊母子俱徜徉。劉方平詩安親更切老萊心。

涌出新泉萬籟吟。

爾雅釋水濫泉正出。正出。涌出也。魏徵九成宮醴泉銘有泉隨而涌出。白居易詩涌出石崖下。流經山店前。梁簡文帝詩挂石下新泉。楊炯賦流平舊沼。派溢新泉。嚴維詩山下新泉出。泠泠此發源。權德輿詩石竇納新泉。

莊子地籟則衆竅是已人籟則比竹是已敢問天籟子綦曰夫吹萬不同而使其自已也注謂風之自起自止姚察詩含風萬籟響裛露百花鮮杜甫詩萬籟眞笙竽秋色正瀟洒崔湜詩泉和萬籟吟

芳檻倚欄蒸靈液

劉兼詩更有馨香滿芳檻和風遲日在蘭蓀趙嘏詩倚欄香徑晚張喬詩盡日倚欄吟黃庚詩紅藕花多倚碧欄參同契下有太陽氣伏蒸須臾間先液而後凝號曰黃輿焉琴賦蒸靈液以播雲㩧神淵而吐溜王羲之詩靈液被九區張九齡龍池聖德頌非常而靈液消流無機而神池浸廣

南山近指奏清音

詩小雅如南山之壽陶潛詩悠然

見南山。祖詠詩南山當戶牖。李嶠侍宴詩樹接南山近。烟含北渚遥。陳陶詩憑覽發清奏。淮南子景不為曲物直。響不為清音濁。左思詩非必絲與竹。山水有清音。孟浩然詩風泉有清音。王十朋詩我來遊勝境洗耳聽清音。

御製避暑山莊詩目錄

下卷

青楓綠嶼 五言律

鶯囀喬木 七言絶句

香遠益清 調柳梢青

金蓮映日 五言絶句

遠近泉聲 五言絶句

雲帆月舫 調太平時

雙湖夾鏡 七言絕句

長虹飲練 七言絕句

甫田叢樾 五言絕句

水流雲在 五言絕句

濠濮間想

清流素練。綠岫長林。好鳥枝頭。遊魚波際。無非天適。會心處在南華秋水矣。

茂林臨止水。

王羲之蘭亭集序此地有崇山峻嶺。茂林脩竹。杜甫登江樓詩檻峻背幽谷。窗虛交茂林。周禮地官稻人以瀦畜水。以防止水。以遂均水。以列舍水。以澮寫水。莊子人莫監于流水。當監于止水。江總方鏡銘明齊止水照與天長。閒想託身安。世說簡文入華林園。顧謂左右曰。會心處不必在遠。翳然林水。便自有濠濮閒想。覺鳥獸禽魚。自來親人。易君子安其身而後動。左傳子產曰。君子有四時。朝以聽政。晝以訪問。夕以修令。夜以安身。南史身與山河等安。翁卷詩自言緣事了。方得此身安。飛躍禽魚靜。詩鳶飛戾天。魚躍于淵。李羣玉詩赤霄終得意。天池俟飛躍。魏書崔鴻傳導禮革俗之風。昭文變性之化。固以感彼禽魚。穆茲寒暑。蕭子良詩幼賞悅禽魚。蘇軾詩欲徙南溪侶禽魚。宣和畫譜徐熙畫花竹禽魚之類。極奪造化之妙。神情欲狀難。

世說神情散朗。宣和畫譜范寬卜居終南太華之間。覽其雲烟慘淡。風月陰霽。難狀之景。默與神遇。一寄於筆端之間。元稹畫松詩乃悟塵埃心。難狀烟霄質。趙師秀會景軒詩此中非一景。欲狀固難名。

天宇咸暢 調萬斯年曲

湖中一山突兀頂有平臺架屋三楹北即上帝閣也仰接層霄俯臨碧水如登妙高峯上北固煙雲海門風月皆歸一覽

通閣斷霞應卜居李尤平樂館銘層樓通閣崔日用詩鳳閣斜通平樂觀梁

簡文帝舞賦似斷霞之照彩。若飛鸞之相及。張說詩春山挂斷霞。范成大詩海氣烘晴入斷霞。朱子詩斷霞千里抹殘紅。漢書郊祀志卜居之而吉。後漢書仲長統傳欲卜居清曠以樂其志。任昉書卜居郊郭。縈帶川阜。

人烟不到麗晴處

李白登宣城北樓詩人烟寒橘柚。秋色老梧桐。錢起詩絕徑人稀到。芳蓀我獨尋。杜荀鶴詩漁樵不到處。麋鹿自成羣。朱子瀑布詩空質麗晴暉。龍鸞共掀舞。陸龜蒙詩石窓何處見。萬仞倚晴虛。

雲葉淡巧萬峯明

古今注五色雲氣。金枝玉葉。有花葩之象。張正見詩春光落雲葉。花影發晴枝。駱賓王序辟彩

澄虛漏輕光於雲葉珪陰散迴搖碎影於風梧李
嶠詩雲葉錦中飛孟浩然詩微雲淡河漢庾肩吾
謝啓芝英雲氣之巧孟郊詩日窺萬峯首月見雙
泉心陸游詩巉巉倒影萬峯青楊萬里詩玉峯
雲剥逗斜明

雁過初

賈島詩避暑蟬移樹登高雁過
城楊炯詩長洲鴻雁初羊士諤詩
曉風山郭雁飛初歐陽脩
芙蓉詩開時霜落雁初過

賓鴻侶

禮記月令鴻雁
來賓注雁以中
秋先至者為主季秋後至者為賓沈約詩復值南
飛鴻差池共成侶李嶠咏雁詩寄語能鳴侶相隨入
帝
鄉

鷗雨秋花遍洲嶼

蘇軾詩細雨斜風不濕鷗
釋惠洪詩接翅鷗歸霧雨

殘王僧孺詩晚節拂秋花杜甫詩秋花危石底耿
漳詩拂霧湧秋花南越志海鷗隨潮上下常以三月
風至乃還洲嶼張說鄴公園池序離洲
別嶼竹館荷亭許有孚詩昂立洲嶼連

暖溜暄波

曲水之南過小阜有水自宮墻外流入蓋湯泉餘波也噴薄直下層石齒齒如漱玉液飛珠濺沫猶帶雲蒸霞蔚之勢

水源暖溜輒蠲疴爾雅濫泉水源也漢書李廣利傳遡先至宛決其水源移

之。劉長卿詩過雨看松色隨山到水源。樓鑰詩四明山深水源遠。唐高宗過温湯詩暖溜驚湍駛寒空碧霧輕。孫綽天台山賦醴泉涌溜于陰渠。庾信温湯碑文豈若醴泉消疾。聞于建武之朝。神水蠲疴。在乎成康之世。梅摯八功德水記水在蔣山悟真庵後。梁天監中始得名。一清水。二冷水。三香水。四柔水。五甘水。六淨水。七不饐水。八蠲疴水。

涌出陰陽滌蕩多。

漢書水泉涌出。後漢書中元二年夏京師醴泉涌出。白居易詩涌出石崖下。流經山店前。通書水陰根陽。火陽根陰。注水陰也。而生于一。則本乎陽也。火陽也。而生于二。則本乎陰也。温泉寒火論邵康節曰。世有温泉而無寒火晁昭德解曰陰能順陽而陽不能順陰也陸游詩日精月華鍊陰陽樂緯殷湯改制易正而盪滌故俗班固東都賦于是百姓滌瑕蕩穢而鏡至清晉書成公綏傳心滌蕩而無累志雖俗而飄然陶弘景文滌蕩紛穢表稟雪霜

懷保分流無近遠

書懷保小民漢書司馬相如賦蕩蕩乎八川分流相背而異態晉書成公綏傳川瀆浩瀚而分流朱子詩澗水分流響珮環漢書鄭吉傳注中西域者言處諸國之中近遠均也韓愈詩幽事隨去多孰能量近遠趙孟頫詩孟夏土加潤苗生無近遠

窮簷盡誦自然歌

韓愈詩窮簷時見臨陸游詩春風也解

到窮簷後漢書何敞傳使百姓歌誦史臣紀德雲

笈七籤太真夫人詩至樂非金石風生自然歌

泉源石壁

獅逕之北。岡嶺蜿蜒數里。翠崖如壁。下瞰流泉。泉水靜深。尋源徙倚。咏朱子問渠那得清如許為有源頭活水来之句。悠然有會。

水源依石壁。爾雅疏泉。水源也。王維詩階下羣峯首。雲中瀑水源。劉長卿詩過雨看松色隨山到水源。宋旡詩百折歷雲嶠千花通水源。蘇軾詩峥嶸依絕壁。高士傳老子居亳有虛無堂。石壁鐫道德經。學畫秘訣山腰雲塞石壁泉塞。張九齡玉泉山寺詩石壁開精舍。

雜踏至河隈

甘泉賦駢羅列布。鱗以雜踏兮。袁易詩琴中流水瀾翻落。畫裏秋山雜踏開。李嶠詩黃金瑞牓絳河隈。白玉仙輿紫禁來。

清鏡分霄漢

西都賦祛黼帷鏡清流。韓愈詩為將纖質凌清鏡。南史宋高祖紀望霄漢以永懷。眄山川以增佇。水經廬山之南有上霄石。高壁緬然。與霄漢連接。宋之問詩開襟坐霄漢。杜甫詩蓬萊宮闕對南山。承露金莖霄漢間。朱子武夷精舍詩突兀倚霄漢。

層波濺碧苔

劉安招隱士谿谷嶄巖兮水層波。杜甫天池詩百頃青雲杪。層波白日中。李羣玉詩層波隔蘭渚。白居易三游洞序水石相薄。跳珠濺玉。李那入重陽閣詩丹墀染碧苔。

日長定九數

詩春日遲遲疏遲遲者日長而暄之意。鶴林玉露唐子西云山靜似太古日長如小年。李賀詩花枝入簾白日長。周禮地官保氏養國子以道。乃教之六藝。六曰九數。注九數方田粟米差分少廣。商功。均輸。方程。嬴朒。不足。旁要也。元史王恂傳六歲就學。十三學九數。管子作九九之數。以合天道。而天下化之。

髮白考三才

參同契髮白皆變黑。齒落生舊所。易兼三才而兩之。故易六畫而成卦。庾信

上玉律表三才既立君臣之道已陳六位時成禮樂之功斯立潘岳西征賦化一氣而甄三才李商隱詩三才萬象共端倪

天既名猶鄙

六月六日宋真宗天書下降故名天既節宋史真宗紀大中祥符元年春正月有黃紙曳左承天門鴟尾上有司以聞名羣臣拜迎于朝元殿啓封號稱天書六月六日天書再降于泰山醴泉北詔以是日為天既節史臣曰真宗封禪事作祥瑞沓臻天書屢降導迎奠安一國如狂吁可怪也

居心思道該

書康誥宅心知訓傳常以居心則知訓民朱子詩居心無物轉虛明書說命恭默思道東都賦案六經而校德眇古昔而論功仁聖之事既該而帝王之道

備矣。王安石英德殿上梁文道該五泰。德貫二儀。程行諶詩象繫微言闡。詩書至道該。

泉源石壁

青楓綠嶼

北嶺多楓。葉茂而美蔭。其色油然。不減梧桐芭蕉也。疎窗掩映。虛涼自生。蘿蔦交枝。垂掛崖畔。水似青羅帶。山如碧玉簪。奇境在戶牖間矣。

石磴高盤處○

水經注罽賓之國○有盤石之磴○梁蕭統詩牽蘿下石磴○攀桂陟松梁○陸游詩藤杖有時懸石磴○王建遊七泉寺詩盤磴迴廊古塔深○劉因龍潭詩盤磴脫交蔭○平壇得高岑○僧齊己詩下浸與高盤○吳鎮詩不畏崎嶇磴百盤○

青楓引物華○

李白詩青楓湍瀟湘○杜甫詩旅雁上雲歸紫塞○家人鑽火用青楓○李嘉祐詩青楓獨映搖前浦○白鷺閑飛過遠村○隋書律歷志姑洗三十四律○其二十三曰物華○王勃滕王閣序物華天寶○人傑地靈○王維詩為乘陽氣行時令○不是宸游玩物華○白居易詩綠野堂開占物華○朱子詩物華始信如詩好○春色方知似

酒濃。

聞聲知樹密

鬼谷子遙聞聲而相思。許渾詩樹密猿聲響。波澄雁影深。郝經詩樹密鶯愁濕。庭荒雀畏深。

見景絕紛譁

閻寬詩愛見澄清景。吳景奎詩野人居處絕紛譁。芳援踈籬八九家。元好問詩不来堅坐看紛譁。

綠嶼臨窗牖

韓翃詩青林朝送客。綠嶼晚回舟。顧況黃鶴樓歌綠嶼沒餘煙。白沙連曉月。庾信詩還是臨窗月。今秋迥照松。陸龜蒙幽居賦覆井之新桐乍引臨窗之舊竹猶存。蘇軾詩臨窗相對疑通神。曾鞏詩垂露臨窗理素書。後漢書窗牖皆有綺疏青瑣。李尤牖銘天設窗牖。開光照陰。江淹詩朱霞入窗牖。

晴雲趁綺霞

韓愈詩晴雲如擘絮。新月似磨鐮。杜牧詩晴雲如絮惹低空。李商隱詩江上晴雲雜雨雲。梁蕭統七名綺霞映水。蛾月昇天。元稹詩朝光借綺霞。徐鉉詩名題小篆矜垂露。詩作吳吟對綺霞。雍裕之詩綺霞明赤岸。錦纜繞丹枝。

忘言清靜意

莊子言者所以在意。得意而忘言。陶潛詩此中有真意。欲辨已忘言。孟浩然詩物情今已見。從此願忘言。史記老子傳無為自化。清靜自正。後漢書天下清靜。庶事咸寧。道德經清靜為天下正。道德指歸論明王聖主之治大國也。清靜為常。平易為主。程鉅夫贊勞謙得士。清靜寧民。法苑珠林我以身口清淨意咸各歸命稽首禮。

頻望羣生嘉。

漢書董仲舒傳陰陽調而風雨時。羣生和而萬民殖。曹植詩天覆何彌廣。苞育此羣生。朱子虞帝廟樂歌七政協子羣生嘉。

鶯囀喬木

甫田叢樾之西。夏木千章。濃陰數里。晨曦始旭。宿露未晞。黃鳥好音與薰風相和。流聲逸韻。山中一部笙簧也。

昨日聞鶯鳴柳樹。張謂詩昨日蒲萄初上架。白居易詩昨日今朝又明日。名山記西湖十景一曰柳浪聞鶯。温庭筠詩透簾斜月獨聞鶯。薩都剌詩玉堂夜月舊聞鶯。禽經鶯鳴嚶嚶。孫萬壽詩幽谷早鶯鳴。韓愈詩柳樹何人種。行行夾岸高。元稹詩柳樹迎風一道斜。

今朝閱馬至崇杠

詩以永今朝。梁簡文帝詩握蘭唯是旦。採艾亦今朝。漢書金日磾傳注見馬。謂名閱諸馬也。北齊書閱馬于北牧。水經注漳水逕趙閱馬臺。孟子歲十一月徒杠成。釋名杠。橋也。晉書載紀造庭燎于崇杠之末。高十餘丈。

朱英紫脫平原綠

禮斗威儀人君乘土而王。其政太平。而遠方神獻其朱英紫脫。宋均注北方之物。上值紫宮。王融曲水詩序紫脫華朱英秀孫氏瑞應圖王者仁義行則生紫脫王勃乾元殿頌序黄麰紫脫湊仙顏於中畿翠蓮丹莫疊靈珠于上序劉基梅花圖詩石壇日夜長蒼苔紫脫瑶英為誰好漢書平原廣野王禹偁詩郊原曉綠初經雨巷陌春陰乍禁烟陸游詩平原漸放春蕪綠

月駟雲驪

玉海雲驪月駟天儲其英顏延之赭白馬賦稟靈月駟祖雲驪兮李商隐文願陪月駟雲驪慶千斯于邑踝郭璞遊仙詩雲驪非我駕李白詩吾當從雲驪

錯落騣

西都賦隋侯明月錯落其間江淹賦暖碧臺之錯落李商隐詩綵樹轉燈珠錯落爾雅馬面顙皆白惟騣周禮用騣注騣謂不純色也

香遠益清 調柳梢青

曲水之東。開涼軒。前後臨池。中植重臺千葉諸名種。翠蓋凌波。朱房含露。流風冉冉。芳氣竟谷。

出水漣漪。詩品謝眺詩如芙蓉出水。杜公瞻詠芙蓉詩灼灼荷花瑞。亭亭出水中。李白詩白蓮方出水。詩河水清且漣猗。王維詩青翠漾漣漪。蒲道源白蓮詩伶俜寒影照漣漪。香

清益遠

陳造竹米行野叟好事能分吾香清而洌甘而腴庾信進象經賦表沉玉而觀淵泉益遠

不染偏奇

淨住子心常無礙空有不染李白詩花將色不染孟浩然詩看取蓮花淨方知不染心顏延之碧芙蓉頌澤芝芳艷擅奇水屬趙長卿詞偏奇處當庭月暗吐焰如虹

沙漠

魏志蘇則傳化洽中國德流沙漠唐太宗賦頓王綱於沙漠

龍堆

漢書白龍堆注龍堆形如土龍身有尾高大者二三丈埤者丈餘皆東北向相似也按白龍堆即沙磧蜿延如龍綿亘數千里頭朝東南尾向西北地近東北部落敖漢其一也產荷花色鮮瓣大勝于內地

青湖芳草

荊州記巴陵有青草湖周

迴百里日月出沒其中湖南有青草山故名元稹詩明月滿帆青草湖李白詩影落明湖青黛光王勃採蓮賦睠芳草兮已殘孫綽蘭亭集後序高嶺千尋長湖萬頃乃藉芳草鑑清流覽卉物觀魚鳥李頎詩彭蠡湖邊芳草春

疑是誰知

李白詩輕舟泛月尋溪轉疑是山陰雪後來王適梅詩不知春色早疑是弄珠人白居易詩身心安樂復誰知

移根各地參差

庾信枯樹賦三河徙植九畹移根孔紹安石榴詩可惜庭中樹移根逐漢臣古詩各在天一涯翁卷詩梅花分地落韓愈詩兩地無千里詩參差荇菜

歸何處那

左右采之杜衍詩芰荷分得綠參差

分公私。 高適詩明月相隨何處眠。邵雍詩春歸畢竟歸何處。王季友鑒止水賦雖萬形之森列。終一鑒而區分。蘇頲詩雲雨之施已遍公私。牛弘雩登歌公田既雨私亦濡。

樓起千層。 牡丹史黃白繡毬。白賽玉。碧天一色。皆碎瓣起樓。申時行瑞蓮賦蜃樓起而峥嶸。常袞詩麗日千層艷。孤霞一片光。楊萬里詩一朶碧蓮三萬丈。數来花片八千層。

荷占數頃。 宋史河渠志于湖塘淺岸。漸次包占。種植菱荷。白居易詩宮城烟月饒全占。皮日休詩濤頭倏爾過。數頃跳鯆鮃。張元幹詞藕花萬頃開浮蘂。

炎景相宜。 郭璞江賦經營炎景之外。曹植槐賦覆陽精之炎景。散流

耀以增鮮。虞世南詩早秋炎景暮。梁簡文帝詩春風
本自奇。楊柳最相宜。元稹詩紅芳憐静色。深與雨
相宜。

金蓮暎日

廣庭數畝植金蓮花萬本枝葉高挺花面圓徑二寸餘日光照射精彩煥目登樓下視直作黃金布地觀

正色山川秀傅休奕賦被黃中之正色歐陽脩詩煌煌正色秀可餐孫綽天台山

賦天台山者，盖山嶽之神秀者也。胡微之芙蓉城傳畧：周瑶英與王子高登東廂之樓，憑欄縱觀山川清秀。李郢詩：莫言獨有山川秀，過日仍聞官長清。

金蓮出五臺。

金史：金蓮花取金枝相連之義。清涼山志：山有旱金蓮，如真金挺生綠地，相傳是文殊勝蹟。周伯琦上都紀行詩注：上都草多異花，有名金蓮花者，似荷而黃。袁桷上京雜詠：金蓮細雨香。華嚴經疏：清涼山者，即鴈門郡五臺山，歲積堅冰，夏仍飛雪。文殊傳：五臺即五方如來之座。水經注：此山五巒巍然，故謂之五臺。徐寅詩：一條溪繞翠巖隈，行脚僧言勝五臺。

塞北無梅竹。

江總詩：塞北無萱草。杜甫

詩塞北春陰暮王惲詩長記扁舟過武夷仙家梅竹
滿清溪捫蝨新語梅至北方則變而成杏亦地氣使
然也醫俗亭記東坡云可使食無肉不可

使居無竹無肉令人瘦無竹令人俗

炎天暎日開

孔融詩巖巖鍾山首赫赫炎天路杜甫詩炎
天避鬱蒸蘇軾詩笑語炎天出冰雹江總木
槿賦朝霞暎日殊未妍樂府

暎日花光動迎風香氣來

遠近泉聲

北為趵突泉涌地觱沸西為瀑布銀河倒瀉晶簾暎崖微風斜捲珠璣散空前後池塘白蓮萬朵花芬泉響直入廬山勝境矣

引泉開瀑布獨孤及瑯琊溪述序鑿石引泉釃其流以為溪岑參詩釀酒漉松子引泉

通竹竿。柳宗元詩 引泉開故竇。護菜挿新笆。水經注 瀑布飛梁懸河注壑。廬山記 白水在黃龍南。即瀑布也。水出山腹。挂流三四百丈。飛湍林表。望若懸素。天台賦 瀑布飛流以界道。庾信終南山詩 長虹雙瀑布。圓闕兩芙蓉。李白詩 遥看瀑布挂前川。

迸水起飛珠

劉孝綽詩 晨征凌迸水。暮宿犯頽風。鄭谷詩 迸流穿樹墜花隨。李白廬山瀑布詩 飛珠散輕霞。流沫洗穹石。杜甫詩 奔泉濺水珠。白居易三游洞序 水石相薄。跳珠濺玉。

鏘玉雲巖應

張說詩 鏘玉宰京河。杜甫詩 鏘鏘鳴玉動。落落羣松直。白居易詩 鏘玉謁王宮。王丘詩 雲巖響金奏。空水灔朱顔。陸龜蒙詩 暫來從露冕。何

事買雲巖。鄒緝玉泉垂虹詩碧嶂雲巖噴玉泉。平
流寧似瀑流懸。蘇軾赤壁賦山鳴谷應。風起。水湧。蘇頲
詩巖聲
中谷應。

色空有若無

楞嚴經今于色空都無表
示。不應人間更有空外。心經色
即是空空即是色。權德輿銘即心是佛。即色是空。白居
易登靈應臺詩臨高始見人寰小。望遠方知色界空。
論語有若無。實若虛。元淮詩移舟
買酒近菰蒲。北望揚州有若無。

雲帆月舫 調太平時

臨水倣舟形為閣。廣一室。袤數倍之。周以石闌。疏窓掩映。宛如駕輕雲。浮明月。上有樓。可登眺。亦如舵樓也。

閣影凌波不動濤。爾雅釋宮長者謂之閣。劉禹錫詩閣影助松寒。蕭慤詩凌

波動畫船許渾詩樓形向日攢飛鳳宮勢凌波骿抃鼇張環秋河賦顯如平江不動雍陶詩風波不動影沉沉蘇軾詩扁舟夜渡海無濤

接靈鼇

列子渤海之東有五山岱輿員嶠方壺瀛洲蓬萊皆仙人所居五山之根隨潮上下帝使巨鼇十五舉首戴之始不動柳宗元詩積翠浮潛艷始疑負靈鼇

蓬萊別殿掛雲霄

史記海中有三神山名曰蓬萊方丈瀛洲仙人居之杜甫詩蓬萊宮闕對南山劉威詩蓬萊一水通雲氣謝莊文離宮天邃別殿雲懸王勃春思賦離房別殿花初匝宋之問詩御氣雲霄近登高宇宙寬

粲揮毫

漢書兒寬傳光輝充塞天文粲

然宗欽詩彈毫珠零落紙錦粲杜甫詩詩成珠玉在揮毫又揮毫落紙如雲煙

四季

蔡邕月令問荅春木王木勝土土王四季張蠙詩四季多花木窮冬亦

風光揔無竭

不凋謝朓詩日華川上動風光草際浮劉孝綽詩芳洲亘千里遠近風光扇泠朝陽詩風光何處好雲物望中新蘇軾前赤壁賦惟江上之清風與山間之明月取之無禁用之不竭是造物者之無盡藏也

臥聞簫

南史陶弘景愛山水每經澗谷必坐臥其閒吟詠不已世說宗炳好山水曰當澄懷觀道臥以遊之徐景安樂書舜樂謂簫韶九成鳳皇来儀故制鳳簫洞簫以彰德也馬懷素興慶池侍宴詩賞洽猶

聞簫管沸。歡留更覩木蘭輕。吳師道詩月明酒醒臥聞簫。

後樂先憂薰絃意。

范仲淹岳陽樓記其必曰先天下之憂而憂。後天下之樂而樂歟。帝王世紀舜彈五絃琴歌曰南風之薰兮可以解吾民之慍兮。權德輿賜宴詩衢酒和樂被薰絃聲曲新。許渾詩一奏薰絃萬古風。劉筠大酺賦體安舒兮被堯日。氣和樂兮暢薰絃。陶潛詩此中有真意。

蘊義爻。

易繫辭乾坤其易之蘊邪。周禮太卜疏伏羲本畫八卦。直有三爻。法天地人。後以重之。爲八八六十四。高士廉文思博要序仰觀千古。同義文之爻象。俯觀百王。軼姬孔之禮樂。

芳渚臨流

亭臨曲渚巨石枕流湖水自長橋瀉出至此折而南行亭左右岸石天成亘二里許蒼苔紫蘚豐草灌木極似范寬圖畫

隄柳汀沙翡翠茵荊州記緣城隄邊悉植細柳絲條散風清陰交陌沈佺期

詩岸花緹騎繞堤柳幔城開劉孺詩日照沙汀素山影波浪黑張耒詩岸蓼飛寒蝶汀洲戲水禽白居易詩水軒平寫琉璃鏡草岸斜鋪翡翠茵

清溪芳渚躍凡鱗

杜甫詩莫須驚白鷺相伴宿清溪張旭詩桃花盡日隨流水洞在清溪何處邊張耒詩幽閒古城陰結屋清溪曲謝朓詩芳洲多杜若注洲渚也李白詩所思採芳蘭欲贈隔荊渚潘岳西征賦華魴躍鱗素鱮揚鬐喻坦之詩曲岸蔵翹鷺垂楊拂躍鱗韓愈文盖非常鱗凡介之品彙匹儔也周伯琦龍門詩凡鱗期變化雷雨在斯須

數叢夾岸山花放

杜甫詩數叢芳草在堂陰水經

注龍門上口，夾岸彌深，傾崖返捍，巨石臨河，若墜復倚。陶潛桃花源記：忽逢桃花林，夾岸數百步，中無雜樹，芳草鮮美，落英繽紛。張正見詩：槐花夾岸飛。朱子詩：鬱鬱層巒夾岸青。徐陵詩：山花臨舞席。虞世南詩：山花濕更紅。王勃詩：山花不辨名。張耒詩：花房待暖徐徐放，柳色隨春旋旋深。趙師秀詩：花放林逋村。

獨坐臨流惜谷神

續仙傳：張志和為水戲，鋪蓆于水，獨坐其上。仲長統樂志論：使居有良田廣宅，背山臨流。陶潛歸去來辭：登東皋以舒嘯，臨清流而賦詩。韓琦詩：觀魚亭檻俯臨流。老子：谷神。注：谷神，虛中之神也。列子注：谷虛而宅有。亦如莊子之稱環中，至虛無物，故謂谷神。庾信詩虗無養谷神。張說詩清虗用谷神。

雲容水態

關口之南。有室東向。緣坡下望。綠樹為田。青峰如堵。川流溶溶。白雲冶冶。不知孰為雲。孰為水也。由長橋而渡。疑入四明山中。一逕分過雲南北。

雨過雲容易散

李中詩遙天踈雨過列岫亂雲收**朱子詩**門開山疊翠雨罷雲絕跡**杜牧晚秋詩**雲容水態還堪賞**淡交詩**積水浸雲容**朱子詩**寒雲無定容**儲光羲詩**雲散天高秋月明**李白詩**雲散窗戶晴風吹桂子香

波流水態長存

劉孝綽詩月光隨浪動山影逐波流**梁簡文帝詩**暗花舒不覺明波動見流**許棠詩**衡門終不掩倚杖看波流**蘇頲興慶池侍宴詩**水態含清近若空**元稹詩**山容水態使君知**楚辭**隨真人兮翱翔食元氣兮長存**西京賦**若歷世而長存**蘇軾詩**琴上遺音久不彈琴中古義本長存

悠然世俗惟念

陶潛

詩采菊東籬下。悠然見南山。唐太宗詩以茲遊觀極。悠然獨長想。史記世俗之所知也。王延壽景福殿賦惟天德之不易。懼世俗之難知。蘇軾詩游于物之初。世俗安得知。逸周書口察維言。心察維念。

必得經書考原

漢書壯好經書。寬博謹慎。後漢馮衍與鄧禹書游神乎經書之林。馳情于元妙之中。史記孟子傳推而遠之。天地未生。窈冥不可考而原也。莊子立之本原而知通于神。舊唐書儒學傳序啓聖人之耳目。窮法度之本原。范育正蒙序潛心天地。叅聖學之源。

澄泉遶石

亭南臨石池西二里許為泉源源自石罅出截架鳴簹依山引流曲折而至雨後谿壑奔注各作石堰以遏泥沙故池水常澄澈可鑑

每存高靜意孟郊詩高意還卓卓王周詩靜意崖穿溜朱慶餘秋園寓興詩

誰言高静意。不異在衡茅。劉滄詩每見山泉長屬意。

至此結衡茅

宋史李衡傳衡以秘撰致仕。結茅别墅。杖屨徜徉。朱子題畫詩結茅雲壑林。陶潛詩養真衡茅下。庶以善自名。雍陶詩一庭紅葉擁衡茅。

樹密開行路

何遜詩高樹蔭樓密。細草緑成被。許渾詩樹密猿聲響。波澄雁影深。戴表元張園玩月詩歌情天水遥坐影人樹密。張説詩水漫荆門濶。山平郢路開。又靈池月滿直城隈。黼帳天臨御路開。蘇軾詩白水田頭問行路。小溪深處是何山。

山長疑近郊

隋書樂志基同北辰久。壽共南山長。歐陽脩詩高亭可四望。繞郭青山長。爾雅邑外謂之郊。周禮地官以宅田士田賈土任近郊之地。錢起詩耕桑亦近郊。

水泉繞舊石。禮記水泉動。爾雅水源曰泉。梁武帝首夏泛天池詩新波拂舊石。李端山下泉詩素色和雲落。寒聲繞石斜。

雉雀樂新巢。禽經雉介鳥也。本草釋名雉理也。雉有文理也。格物論雀小鳥也常依人。搜神記千歲之雉百年之雀。蓮社高賢傳法志常誦法華。有雉巢於菴側。翔集座隅若聽受狀。唐書武德中赤雀巢于殿門。宴五品以上頌者千餘人。易林不如新巢。可以樂居。杜甫詩頻来語燕定新巢。

晴夜荷珠滴。李商隱詩江月夜晴明。李白詩攀荷弄其珠。蕩漾不成圓。錢起

詩跳珠亂碧荷○溫庭筠詩露滴如珠落點荷○

露凝眾木梢○

李顒感興賦露霑丹而珠凝○唐太宗詩秋露凝高掌○陸賈新語楩梓豫章○立則為眾木之珍○李商隱詩高松出眾木○庾信枯樹賦森梢百頃○杜甫詩葱菁眾木梢○

澄波疊翠

如意洲之後。小亭臨湖。湖水清漣徹底。北面層巒重掩。雲簇濤湧。特開屏障。扁舟過此。輙為流連。正如韋應物詩云。碧泉交幽絕。賞愛未能去。

疊翠聳千仞○

孟郊詩疊翠蕩浮碧方干詩衆山寒疊翠○兩派綠分聲○杜牧詩千里暮山重疊翠○一溪寒水淺深清○吳融詩疊翠北來千嶂盡○梅堯臣詩翠聳寒溪上○許敬宗掖庭山賦聳絕壑之千尋○枚乘七發上有千仞之峯○下臨百尺之谿○左思詩振衣千仞岡○謝靈運詩連峯競千仞○唐明皇詩翠屏千仞合○

澄波屬紫文○

鮑照河清頌澄波萬壑瀠瀾千里○盧照鄰詩澄波泛月影○王維詩澄波澹將夕○宋書謝靈運傳論波屬雲委○徐彥伯南郊賦復泓澄兮紫波○皮日休詩瑞氣染衣金液啓○香烟映面紫文開○

鑑開倒影列○

梅堯臣天門泉詩靜若仙鑑開○

秦觀詩藕花紅繞鑑中開。邵子詩窓下喜鑑開。漢書音義倒景日在下。孫綽遊天台山賦或倒影於重溟或匿峯於千嶺。沈約詩倒景入華池。周景式石門澗記流光迴照則衆山倒影。陸游詩湖水無風鏡面平。巉巉倒影萬峯青。表桷詩川遠桅影列。

反照共氤氳

夢溪筆談董源畫落照圖。悉是晚景。遠峯之頂。宛然有反照之色。杜甫詩反照入江翻石壁。錢起詩反照雲賓空。寒流石苔淺。馬戴詩反照開嵐翠。易繫辭天地絪緼。釋文本作氤氳。舊唐書禮儀志和氣氤氳。淳風澹泊。杜甫詩佳氣日氤氳。張九齡詩靈山多秀色。空水共氤氳。

石磯觀魚

遠近泉聲而南渡石步有亭東向倚山臨溪溪水清澈倘鱗銜尾荇藻交枝歷歷可數溪邊有平石可坐以垂釣

唱晚漁歌傍石磯王勃滕王閣序漁舟唱晚響窮彭蠡之濱又上巳浮江宴序榜

謳齊引。漁歌互起。李羣玉詩響棹來空澗。漁歌發杳冥。韓偓詩漁歌得意扣舷歸。元稹詩幽人釣石磯。殷遙詩晴楊拂石磯。

空中任鳥帶雲飛

江淹雜體詩泠然空中賞。陶潛詩遥遥萬里輝。迢迢空中影。大戴禮魚游于水。鳥飛于雲。舞鶴賦矯翅雲飛。韓愈記志同而氣合。魚川泳而鳥雲飛也。李賀詩看取拂雲飛。

羡魚結網何須計

張衡歸田賦徒臨川以羡魚。董仲舒賢良策臨淵羡魚。不如退而結網。孟浩然詩坐觀垂釣者。徒有羡魚情。

備有長竿墜釣肥

司馬相如大人賦建格澤之長竿兮。總光耀之采旄。王貞白洗竹詩不圖結實

来雙鳳且要長竿釣巨魚李賀詩籊落長竿削
玉開張翰思吴江歌秋風起兮佳景時吴江水兮鱸
魚肥歐陽脩醉翁亭記臨溪而漁溪深而魚肥
皮日休西塞山泊漁家詩秋後鱸魚墜釣肥

鏡水雲岑

後楹依嶺。三面臨湖。廊廡周遮。隨山高下。波光嵐影。變化烟雲。佳景無邊。令人應接不暇。

層崖千尺危嶂◯水經注秀嶂分霄。層崖刺天。謝靈運山居賦羅層崖于戶裏。列鏡瀾于窗前。朱子詩竦身長林端。策足層崖表。華談予觀雁蕩諸峯。皆峭拔險恠。上聳千尺穹崖巨谷。

不類他山。元好問詩 千尺珠簾得似無。丘遲夜發密巖口詩 萬尋仰危石。百丈窺重泉。水經注 石路崎嶇。巖嶂峻嶮。

涵淥幾重碧潭

庾爾之水讚 湛湛涵淥。清瀾澄瀯。宋之問詩 山水樓臺映幾重。杜甫詩 烟霞障幾重。李益詩 秋山又幾重。朱子詩 興入前山翠幾重。劉勰新論 懸瀨碧潭。瀾波洶湧。名畫記 飛觀層樓。閒以喬木嘉樹。碧潭素瀨。糅以雜英芳草。宋鼎詩 碧潭宵見月。紅樹晚開花。

獅逕盤旋道北

獅子峪在西北。自鏡水雲岑處對望。見山道盤旋。頗有遠觀之趣。韓愈序 是谷也。宅幽而勢阻。隱者之所盤旋。王建詩 羸馬不知去。過門常盤旋。蔡襄詩 山逕

何紆盤○世說阮仲容步兵居道南○諸阮居道北○

松枝宛轉山南○

鶴林玉露午睡初足○旋汲山泉○拾松枝○煑苦茗啜之○徐陵文千齡壽鶴○或舞松枝○劉楨詩風聲一何盛○松枝一何勁○韋應物詩蓬萊宮裏拂松枝○晉書皇甫謐傳宛轉萬情之形表○排託虛寂以寄身○莊子推拍輐斷○與物宛轉○韋應物詩遊龍宛轉驚鴻翔○穀梁傳水北為陽○山南為陽○漢書逸民傳北山之北○南山之南○王勃詩山南花圍○澗北松林○張說詩山南柳半密○谷北草全稀○

沉吟力盡難得○

後漢書曹褒傳晝夜研精○沉吟專思○李白詩笑讀曹娥碑○沉吟黃絹語○朱子詩沉吟日暮寒鴉起○左傳譬之如天○

其有五材而將用之力盡而救之隋書孜孜不已心力備盡蘇轍題文潞公草書詩應笑學書心力盡臨池寫遍未裁衣史記時難得而易失全唐詩話裴説詩以苦吟難得為工滄浪詩話對句好易得結句好難得發句好尤難得

懸象俯察仰叅

易懸象著明莫大乎日月漢書敘傳炫炫上天懸象著明何劭詩四時更代謝懸象迭卷舒易仰以觀于天文俯以察于地理王羲之蘭亭集序仰觀宇宙之大俯察品類之盛李華含元殿賦皇居設位俯察仰叅

至理莫求別技

唐書道德為麗慈仁為美不過天道斯為至理王康琚詩推分得天和矯性失至理張蠙詩真

身非有象至理本無名。朱子詩至理諒斯存。萬世與今同。韓愈序往時張旭善草書。不治他技。

經書自有包函

漢書壯好經書。寬博謹慎。後漢馮衍與鄧禹書游神乎經書之林。馳情于元妙之中。抱朴子正經為道義之淵海。子書為增深之川流。漢書董仲舒傳臣聞天者羣物之祖也。故徧覆包函而無所殊。

雙湖夾鏡

山中諸泉。從板橋流出。滙爲一湖。在石橋之右。復從石橋下注。放爲大湖。兩湖相連。阻以長堤。猶西湖之裏外湖也。

連山隔水百泉齊。木華海賦波如連山。乍合乍散。楊文公談苑華山南有川。廣袞數百里。連山洞壑。不知其極。虞世南春夜詩風花隔水來。吳鎮詩隔水山高青隱日。傍溪古樹綠藏雲。王維詩山中一夜雨。樹杪百重泉。王安石詩雨過百泉出。秋聲連衆山。

夾鏡平流花雨隄

李白詩兩水夾明鏡。雙橋落彩虹。又湖清雙鏡曉。濤白雪山來。徐廣釣賦披芳餌于纖緌。灑長綸于平流。上官儀詩平流瀉雁行。鄒緝王泉垂虹詩平流寧似瀑流懸。劉長卿詩花雨從天落。松風永日來。王建詩竹烟花雨細相和。蘇軾詩半嵓花雨落毿毿。楊萬里詩草滿花隄水滿溪。

非是天然石岸趣。

大唐創業起居注太原獲青石有丹書天然暎澈。宋書張敷傳清風素氣得之天然。鄭嵎津陽

門詩注石甕寺嵒下天然石形如甕以貯飛泉李百藥詩橫舟石岸前庾信詠畫屏風詩石岸似江樓李覯詩一圍石岸刓無迹

何能人力作雕題

詩景山與京疏丘者自然而有京者人力斫為姚合題鳳翔西郭新亭詩地形當要處人力是閒時淮南子橑檐欀題雕琢刻鏤西京賦雕楹玉舄甘泉賦璇題玉英

長虹飲練

湖光澄碧一橋臥波橋南種敖漢荷花萬枝間以內地白蓮錦錯霞變清芬襲人蘇舜欽垂虹橋詩謂如玉宮銀界徒虛語耳

長虹清逕羅層崖西京賦亘雄虹之長梁張纘賦耿長虹於青霄李白詩安得

五彩虹。架天作長橋。蘇軾詩石橋先去踏長虹。水經注金遴清徑。象渚澄源。陸厥詩杜門清三徑。坐檻臨曲池。水經注秀嶂分霄。層崖刺天。謝靈運山居賦羅層崖於戶裏。列鏡瀾于窗前。

岸柳溪聲月照階

梁簡文帝詩岸柳垂長葉。窗桃落細跗。李商隱詩岸柳兼池綠。蘇軾詩溪聲便是廣長舌。山色豈非清淨身。張耒詩嘈嘈虛枕納溪聲。王延壽魯靈光殿賦皓壁皜曜以月照。歐陽詹秋月賦瞑階墀以歷歷。蘇軾詩無心明月轉空階。

淑景千林晴日出

唐中宗迎春詩寒光猶戀甘泉樹。淑景偏臨建始花。杜甫詩花覆千官淑景移。鄭愔春日幸望春宮應制詩。千林嫩葉始藏鶯。朱子詩。江臯晴日麗芳華。孟浩然詩。日出氣象分。白居易山枇杷詩。瓊枝日出晒紅紗。

禽鳴處處入音諧

水經注。曉禽暮獸寒鳴相和。劉義恭感春賦。聽時禽之弄音。杜甫涪江泛舟詩。雲輕處處山。綦毋潛詩。天花落不盡。處處鳥銜飛。五燈會元。大覺璉禪師曰。溪山之月。處處同風。水鳥樹林。頭頭顯道。拾遺記。太平盛明之世。青鸐翔鳴藪澤。音中律呂。書。八音克諧。王士熙詩。音諧律管凰。

甫田叢樾

流杯亭之北瓜圃之西平原如掌豐草茂木麕麚雉兎交物其間秋涼弓勁合烝徒行步圍誠獵場選地

留憩田間樂詩召南召伯所憩注憩息也異聞記周宗嗇留憩蕭寺朱子詩且復

一流憩。考工記匠人為溝洫注主通利田間之水道。後漢書王丹傳每歲農時載酒肴於田間候勤者而勞之。杜甫詩香稻三秋水。平田百頃間。曾鞏詩耕耨筋力苦。收刈田野樂。楊萬里詩定知秧疇淵。想見田父樂。

曠觀恤閭閻。

鄒陽上梁王書獨觀乎昭曠之道也。張說詩曠覽天宇遍。國語勤恤民隱而除其害也。班固西都賦街衢洞達。閭閻且千。張衡西京賦便旋閭閻周觀郊遂。白居易詩仁風扇道路。陰雨膏閭閻。朱子詩閭閻豐五袴。藁秸送千箱。

叢林欣賞處。

博物志平衍氣仁。叢林氣躄。方干詩石上叢林礙星斗。褚雲詩映日照新芳。叢林抽晚蔕。陶潛詩奇文共欣賞。張九齡詩向来同賞處。

遍地豫豐占。

張説詩月餘遍地賞。邵子詩遍地長芳草。詩小雅大人占之。衆維魚矣實維豐年。韓琦詩吾民無足慮。豐歲可前占。

水流雲在

雲無心以出岫。水不舍而長流。造物者之無盡藏也。杜甫詩云。水流心不競。雲在意俱遲。斯言深有體驗。

雨後雲峯澄。

王維詩空山新雨後。天氣晚来秋。韓琮詩偃草喜逢新雨後。白居易詩雨後清和天。蘇軾詩秋後風光雨後山。陶潛四時詩夏雲多奇峯。庾信詩雨住便生熱雲晴即作峯。韋元旦詩雲峯四起迎宸幄。水樹千重入御筵。朱子詩仰首雲峯蒼。柳宗元記風止雨收。烟霞澄鮮。邵子詩山川澄淨初經雨。

水流遠自凝

易乾文言水流濕。又坎象辭水流而不盈。淮南子水流而不止。與萬物終始。張華詩仰蔭高林茂。俯臨綠水流。劉得仁詩迴流出幾洞。源遠歷千岑。蘇軾詩雲內流泉遠。周禮考工記水有時以凝。有時以澤。隋煬帝詩月影凝流水。

岸花催短鬢

何遜詩岸花臨水發。沈佺期詩江路香風夾岸花。李嶠詩岸花明水樹。岑參詩雲低岸花掩。杜審言詩宴

賞落花催。袁暉詩春畏落花催。白居易詩豈獨
花堪惜。方知老暗催。張九齡詩秋風吹短鬢。

高年寸寸增

漢書武帝紀先耆艾。奉高年。古之
道也。宋史禮志淳化三年。幸金明
池。都人縱觀。帝顧視高年皓首者。就賜白金器皿。王
隱晉書陶侃曰。大禹聖人。乃惜寸陰。枚乘書寸寸而
度之。至丈必過。白居易詩光陰寸寸流。宋史樂志常
願主人增年。與天相守。隋書天文志虗北二星曰司
祿。司祿增年延德。徐鉉
詩晚院風高寸寸增。

康熙五十一年六月臣揆敘等恭注
御製避暑山莊三十六景詩仰見
皇上聖學崇深含經味道純粹以精發爲詩
歌上繼雅頌囊括百家臣等學識弇陋
管窺蠡測未能宣揚
盛美茲蒙
恩諭俾得附名簡末且喜且愧不容於心欽

惟我
皇上聲教覃敷極天所覆盡入版籍要荒之
外率同畿甸自　京師東北行羣峯迴
合清流縈繞至熱河而形勢融結蔚然
深秀古稱西北山川多雄奇東南多幽
曲茲地實兼美焉蓋造化靈淑特鍾於
此前代威德不能遠孚人跡罕至

皇上時巡過此見而異之念此地舊無居人
闢為離宮無侵民田廬之害又去　京
師至近章奏朝發夕至綜理萬幾與
宮中無異乃相其岡原發其榛莽凡所營
構皆因巖壑天然之妙開林滌澗不采
不斲工費省約而綺綰繡錯烟景萬狀
標其尤者凡三十有六清涼爽塏於夏

為宜每至盛暑則奉
皇太后駐蹕焉泉甘土沃居此逾時
聖容豐裕精神益健蓋
皇上憂勞萬民德合於天故天特開靈境以
待
皇上之遊息也臣等忝列侍從時
賜讌遊諸景皆嘗目擊而莫能摹寫及伏讀

御製詩則林泉蒼靄一一湧現於胸中蓋此
地之景乃天地山川自然之氣所發著
非
皇上化工之筆莫能傳也而臣等尤有厚幸
者伏讀
御製避暑山莊記及諸詩奉
慈闈則徵寢門問膳之誠憑臺榭則見茅茨不

翦之意觀溉種則念稼穡之艱難覽花蒔則驗陰陽之氣候玩禽魚則思萬物之咸若凡讀者因詩以求諸景之勝豈獨未見者如親歷哉即

皇上敬天勤民與覆載同流之氣象可以昭

示天下萬世永永無極矣左都御史兼

掌院學士臣揆敘侍講學士臣勵廷儀

侍講臣蔣廷錫洗馬臣張廷玉中允臣
陳邦彥脩撰臣趙熊詔庶吉士臣王圖
炳謹拜手稽首恭跋

武英殿總監造管翻書房原內閣侍讀學士今佐領加一級臣和素
武英殿總監造內務府會計司員外郎兼佐領加三級臣張常住
武英殿總監造內務府會計司員外郎兼叅領佐領加一級臣李國屏
武英殿監造驍騎校加一級臣巴實

本書用紙透光效果圖

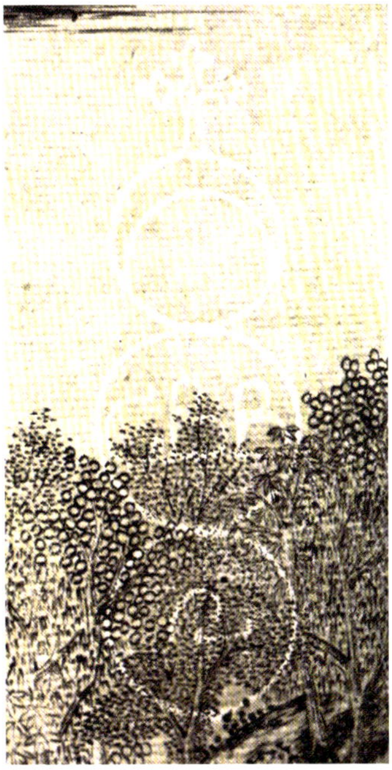

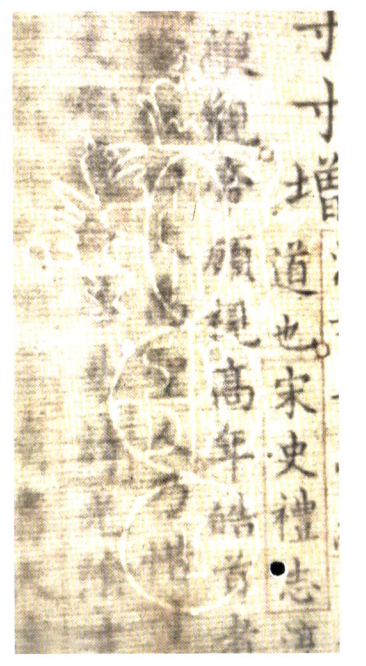

後記

在中華文明五千年的歷史長河中，大量的古籍善本爲人類留下了燦若星河、浩如烟海的瑰寶，今日，爲使其重放光彩，就需要有心人去收集珍藏，更需要識玉人的慧眼甄別、發現整理、傳承弘揚。

二〇一七年，巴彦淖爾市圖書館特聘有關古文獻專家，對館藏古籍進行鑒定。專家在目睹實物之後，對其質量之高、裝幀之美，驚嘆不已，他們一致肯定了巴彦淖爾市圖書館古籍的價值。

中國古籍一直就有圖文并茂的傳統，《河圖》《洛書》姑且不論，《山海經》即是一個明顯的事例。但是受技術手段的限制，盡管歷史久遠，且在中文語境中一向圖與書并稱，古籍中以圖爲主的書并不多見。由于攝影技術尚未誕生，我們無法看到數百年前的真實世界。古人雖有畫作，但其作品往往加進了作者個人的情感意象。《御製避暑山莊三十六景詩圖》當然也難免落入這一窠臼，但比一般抒發情懷的作品更接近客觀真實，因此它是我們觀察數百年前自然風光、園林建築彌足珍貴的資料。這是本書的基本價值。除此之外，它不但是中國版畫發展史、中西文化交流史的實物例證，也是極爲罕見的清宫首部銅版畫册的實物例證。這些翁連溪先生在前言中已有詳盡論述。翁先生提出的西洋紙印本概念也是一個值得關注的亮點。作爲紙張發源地的中國，紙張的種類多不勝數，清宮却用西洋紙印書，其意義可能已經越出了文獻學的藩籬，也出乎大多數國人的想象。

近年來，巴彥淖爾市圖書館同事們在宣傳這批古籍價值方面做了大量的工作，他們的努力得到了各界同仁們的强力支持，巴彥淖爾市圖書館館藏古籍逐漸爲世人所認識。二〇一八年，《晚清廉吏閻敬銘手札》出版，二〇一九年《御製避暑山莊三十六景詩圖》問世，這些都説明，巴彥淖爾市圖書館館藏古籍正從深閨中走向社會，走向世界。願她在中華文化的傳承中產生更大的影響。

何遠景　二〇一九年九月廿日

策　　劃　趙子斌　王志平
主　　编　翁連溪
副 主 编　王　瑞　何遠景　白燎原
編委會成員　趙　前　姜　蘭　胡延春　張志堅　王智慧
張建軍　張文淵　賀　莎　王　丹　蘇楞高娃
趙栩田　楊　柳　劉　禹　李　雙　張艷艷
執　　行　劉　禹　張艷艷

圖書在版編目（CIP）數據

銅版《御製避暑山莊三十六景詩圖》／（清）玄燁詩；（清）沈喻繪．-- 北京：學苑出版社，2019.10
ISBN 978-7-5077-5837-5

Ⅰ．①銅…　Ⅱ．①玄…　②沈…　Ⅲ．①銅版畫－作品集－中國－清代②古典詩歌－詩集－中國－清代　Ⅳ．①J227 ②I222.749

中國版本圖書館 CIP 數據核字 (2019) 第 237185 號

銅版 御製避暑山莊三十六景詩圖

清康熙五十二年內府銅版刊本

清　玄燁　詩
清　沈喻　繪

責任編輯　戰葆紅
出版發行　學苑出版社
社　　址　北京市豐臺區南方莊二號院一號樓
郵政編碼　一〇〇〇七九
網　　址　www.book001.com
電子信箱　xueyuanpress@163.com
聯系電話　營銷部 010-67601101
　　　　　總編室 010-67603091
製　　版　北京印藝啓航文化發展有限公司
印　　刷　北京啓航東方印刷有限公司
印　　張　二十二點五
版　　次　二〇一九年十月第一版
印　　次　二〇一九年十月第一次印刷
定　　價　八八〇圓

特别鳴謝　北京泰和嘉成拍賣有限公司